菊与刀

〔美〕鲁思·本尼迪克特 / 著

叶宁 / 译

江苏人民出版社

图书在版编目（CIP）数据

菊与刀 /（美）鲁思 · 本尼迪克特著；叶宁译 . —
南京：江苏人民出版社，2019.7（2023.9 重印）
ISBN 978-7-214-23419-3

Ⅰ . ①菊… Ⅱ . ①鲁… ②叶… Ⅲ . ①民族文化—研究—日本 Ⅳ . ① K313.03

中国版本图书馆 CIP 数据核字 (2019) 第 076846 号

书　　名	菊与刀
著　　者	(美) 鲁思 · 本尼迪克特
译　　者	叶　宁
责任编辑	卞清波
出版发行	江苏人民出版社
地　　址	南京市湖南路 1 号 A 楼，邮编：210009
印　　刷	天津丰富彩艺印刷有限公司
开　　本	880 mm × 1 230 mm　1/32
印　　张	7.5
字　　数	172 000
版　　次	2019 年 7 月第 1 版
印　　次	2023 年 9 月第 3 次印刷
标准书号	ISBN 978-7-214-23419-3
定　　价	38.00 元

（江苏人民出版社图书凡印装错误可向承印厂调换）

出版说明

“盖自风雅骚人之后，占得大家数者不过六七。”

“大家”，思以其道易天下，播其声、扬其道、释其理，于古，引领时代脚步，于今，掀起研习热潮。他们博学多知，文笔隽永，面对浩繁艰深的典籍，倾其所读，融会贯通，著成一部部简明精要的著述，以供他人研读。这些著述经大家之手“精雕细琢”后，里面尽是排沙见金的精华所在。它们历经岁月洗礼，历久弥新，至今仍被推崇，熠熠生辉。

遗憾的是，这些著述有的版本繁多，纷纷籍籍，有的久不再版，一书难求。对于初学者来说，难以找到通俗易懂的入门读物，对于研究者来说，难以找到简明扼要的参考资料。

“前人之努力，无数心血，唯愿时光不能将其尽数埋没。”鉴于此，我们收录古今中外的大家名作，听大家畅谈时代故事，从大家眼中坐看风云变迁。这些著作有的为读者耳熟能详备受推崇，有的曾被多数人喜爱却年湮代远埋没已久，但无一例外，都是大家之手妙笔生花。有的区区数万字，便可见清晰脉络，篇幅短小，却在细微之处见真章，虽是小书，却蕴含着巨大能量；有的卷帙浩繁，却字字珠玑，一词一句均是经过反复斟酌，大处落墨，小处显锋，读来酣畅淋漓，荡气回肠。我们借此机会统一装帧，在尊重原著的基础上仔细编校，以飨读者。

希望你不论是在研究之时还是在闲暇之余，都能够从本书中收获更多；希望它是漫漫长路上的一盏灯，助你在低头时，丰富自己，抬头时，砥砺前行。

“菊”与“刀”
——日本人的理想与现实

《菊与刀》成书于1946年，是一本阐述日本民族文化的著作。在众多研究日本文化的著作里，本书可谓是一部扛鼎之作，甚至有人认为它开了“日本学”之先河。1949年，本书的日文版出版，立刻在日本引起巨大反响，人们纷纷购买，一时洛阳纸贵。据统计，本书在日本就卖出了230多万册。对于一部文化人类学的著作来讲，这样的销量，就是一个天文数字。

1944年，正值第二次世界大战末期，美军在太平洋战场上已是节节胜利，正大踏步向日本本土推进。随着胜利的临近，一系列问题也摆在了美国政府的面前：在不攻打日本本土的情况下，日本会投降吗？一旦美军登上日本本土，日本人会不会拼死抵抗而给美军带来巨大伤亡？占领日本后，如何改造日本社会，要不要保留天皇……所以，了解日本人的思维和行为模式就成了美国政府的当务之急。同年6月，本书作者奉命从文化的角度对日本加以研究，以期找到答案。《菊与刀》就是这份答卷，它其实就是作者在对日本文化进行分析后向美国政府提交的一份研究报告。事实证明，书中的观点对日后美国对日关系及政策都产生了极大的影响，并且取得了良好的效果。因此，尽管这本书只有十几万字，但无论是从它对一个国家的命运所产生的影响来看，还是从它所取得的学术成就来看，《菊与刀》都是一部名副其实的巨著。

菊花本是号称“万世一系”的日本皇室的家徽，刀则是日本武士阶层及其精神支柱——武士道的象征。作者将这两种事物放在一起，意在表明日本民族心灵深处两种迥异的特质，正如作者本人所说的那样：“菊花与刀，两者构成了同一幅画。”当时令美国人颇为疑惑的是：为什么有时日本人给人的印象是讲究礼仪，温良谦和，而有时又很野蛮；为什么有的文献中说日本人喜欢追求美好的事物，就像沉湎于菊花的栽培，而有的文献中则说，日本人行为中充斥着暴力，崇尚刀剑和武士的荣誉。造成这些矛盾，固然有日本人个体之间、阶层之间的差异，但普遍来讲，这也确是日本人身上的一种共性。也就是说，这些矛盾都是独特的日本文化的一种表现，要想真实、准确地了解日本人，就必须解决这些疑问。对此，本书作者给出的答案是：狭窄的岛国、贫瘠的土地、激烈的竞争环境和套在自己身上的，由重重义务组成的枷锁使得日本人不得不时刻挥舞着手中之刀为自己打出一片生存的天地；闲暇之余，日本人又热衷于浪漫的幻想，如前面所说的“沉湎于菊花的栽培”等，究其本质，无非是逃避现实的残酷，抚慰自己脆弱的心灵。总之，“菊”与“刀”分别代表了日本人在面对理想与现实时的两种心态，也是两种不同生活状态的写照。围绕于此，作者分别从政治结构、社会阶层划分、消遣娱乐、人情世故，甚至是对儿童的教育等日本社会的不同领域都进行了剖析，不仅论理清晰，而且文笔也很流畅、优美。

本书作者鲁思·本尼迪克特（Ruth Benedict），1887年出生于纽约，原姓富尔顿（Fulton），是美国的一位文化人类学家、诗人。她1909年毕业于瓦萨尔学院，大学时期主修英国文学，获文学学士学位。1919年进入哥伦比亚大学，师从“美国文化人类学”之父——弗兰茨·博厄斯，专攻文化人类学，1923年获博士学位，之后留校任教。1927年，她研究印第安部落文化，写成《文化的类型》一书。1940年，完成《种族：科学与政治》一书，批判种族歧视。二战期间，她先后对荷兰、德国、泰国、日本等国民族性进行研究，尤其对日本的研究贡献最大。二战结束后，她继续在哥伦比亚大学任教，直到1948年9月病逝，享年61岁。

二战已经过去半个多世纪了，日本社会也发生了翻天覆地的变化。如果再用《菊与刀》中的观点来看待日本社会，恐怕已经有些“不切实际”，但是《菊与刀》在中国却依然保持热销。究其原因：一方面，作者深厚的学术功底确实造就了一部经典，揭示了日本人固有的、本质的东西；另一方面，当前中日之间敏感的政治关系和复杂的历史关系也促使我们必须要了解日本这位既熟悉又陌生的邻居，做到“以史为鉴”，这也是我们再版此书的根本原因和动力。

一勇齋國芳筆
彫兼

图中所绘的是日本传说中的许多神仙和妖怪，他们和孩子们快乐地生活在一起。他们中有的在和孩子们下棋，有的在给孩子们抛撒礼物，整个画面看起来细腻、繁乱而精美。在文化研究上最重要的一点就是关注细节，哪怕是虚构的，其实也是体现了某种民族性的，往往有价值的材料就隐藏在这样或那样的细节里。

日本从古以来就是一个等级分明的社会。人与人之间的各种关系分得很是清楚，诸如对待上级的态度是怎样的，对待下级的态度又是怎样的，等等。其实这种情况不仅存在于日本，在许多封建制度残余比较多的国家里都是如此的。

川畑種長君
八木豐治
江田基
肥後直次
有馬友輔
川上四郎兵衛
町田幸三

实际上，中下级武士是武士阶层的大多数，他们的生活往往也很穷困。江户时代曾有一个笑话：“小武士的家里除了被子和锅，还有一块大石头，因为当他感到冷的时候，可以举石头取暖。”到了明治维新时期，下层武士的境况更加悲惨，最终导致在萨摩藩爆发了旧武士集团的暴乱，日本史上称之为“西南战争”。但没过多久，就被全新西式装备的政府军镇压下去。图中显示的就是叛乱武士们在向政府军投降的场景。

目录

冨嶽三十六景 凱風快晴

第一章　任务——研究日本

在美国人曾经遇到的，并与之全力战斗过的敌人中，日本人最让人困惑。他们的行为方式、思维模式都和美国人截然不同，我们必须认真对待。这种情况在美国人参与过的战争中从没有过。正如1905年时的沙俄一样，美国面对的是一个全副武装、受过训练的民族，但它又不属于传统的西方文化。对西方人来说，战争惯例是建立在人性基础上的，日本人却不这样想。所以，美国和日本正在太平洋上进行的战争，就不限于岛屿登陆作战问题和后勤保障问题。为了打败日本人，我们必须了解他们。

这很困难！日本打开国门至今已有75年了，可我们对他们的描述仍在使用令人困惑的词句，如“但是，又……”等。一位严谨的观察家在描述其他民族时，不会一边说这个民族彬彬有礼，一边又说他们“蛮横、傲慢”；一边批评他们顽固不化，一边又称赞他们“能够适应改革的潮流”；一边说他们性情温和，一边又说“他们不会轻易受人控制”；一边说他们仁厚、忠义，一边又说他们“野心勃勃、叛逆凶残”；一边说他们勇敢，一边又说他们懦弱；不会既说他们依赖别人的评价，又说他们有自己的准则；不会说他们既欣赏西方文化，又说他们如何保守；不会在一本书里介绍他们如何爱美，如何尊重演员和艺术家，如何陶醉在菊花栽培中，却又在另一本书里告诉人们他们热爱刀剑、穷兵黩武。

但是，这些看似无法统一的矛盾却如同经纬一般交织在日本人的个性中。如果把他们比喻成一幅画，那么这幅画中就会既有“刀”，也有“菊”。日本人好斗而温和；桀骜不驯而又彬彬有礼；冥顽不化却又审时度势；驯服但不甘受人摆布；既忠心耿耿又背信弃义；既勇敢又懦弱；既保守又善于接受新事物。他们介意别人的评价，可是当他们的恶行不为人所知时，就会继续作恶。他们的士兵纪律严明，却又经常犯上。

了解日本人已是美国的当务之急。我们不能对日本人矛盾的性格置之不理。我们正面临一些重要问题。日本人下一步会怎么做？我们必须进攻日本本土才能让他们投降吗？我们是否应该直接轰炸日本皇宫？从日军俘虏的身上，我们能获得什么情报？我们应采取何种宣传策略，才能削弱他们顽抗到底的意志？一旦战争结束，我们需要对日本实行长期军事管制吗？美军是否要继续在日本的山地丛林中，与疯狂顽抗的军国主义分子战斗呢？战争结束前，日本会不会爆发像法国或俄国那样的革命？如果有，谁会是革命的领导者？如果没有，日本会灭亡吗？

1944年6月，我接受委托研究日本，为了了解日本民族的真面目，我被许可使用一名人类文化学家能够使用的一切研究方法。这年夏初，美军开始对日军实施大规模的反攻。很多美国人都以为对日战争要持续3年或10年，甚至更久。在日本，有人认为这场战争会持续百年左右。他们认为，美军虽在一些地区取得了胜利，但是前线距日本本土还有好几千英里远。所以，日本官方根本不承认日本海军的失败，日本人仍然认为自己将是最终的胜利者。

1944年6月以后，国际形势发生了变化。盟军在欧洲开辟了第二战场，对德战争很快就会胜利。盟军一直优先考虑欧洲的战略已无必要。在太平洋战场上，美军已在塞班岛登陆，为日本的失败拉开了序幕。美军与日军不断短兵相接。在新几内亚、瓜达尔卡纳尔、缅甸、阿图、塔拉瓦、比亚克等地与日军的战斗中，我们清醒地意识到，这个敌人是多么可怕。

所以，到了1944年6月，对于我们的敌人——日本，我们必须解答有关他们的一些疑问。这不仅涉及军事、外交政策，还涉及在前线散发宣传单，我们必须得到真实可靠的答案。在这场战争中，我们不仅要了解日本决策层的动机与目的，了解他们漫长的历史，了解他们经济和军事上的统计资料；还要了解日本政府对其国民的期望程度，了解日本人的思想和情感习惯；以及了解制约他们行动和想法的因素；我们必须把决定美国人行动的惯有思维和行为模式放在一边，尽量不对日本人轻率做出结论。不要以为我们怎么做，他们就怎么做。

我的任务是艰巨的。美国和日本在交战。在战争中，把一切责任归咎于敌国非常容易。可是，如果想知道敌人对人生的看法却不容易。但我必须完成任务。关键在于：日本下一步会采取什么行动？而不是处于他们的位置时，我们会怎么做。我必须收集他们在战争中的一切行为资料，作为有利条件加以利用。我必须仔细观察他们在战斗中的进攻方式，暂时不把这当军事问题对待，而只是看作文化问题。与平时一样，日本人在战争中的行为也具有日本民族的典型特征。在战争中，他们表现出来的生活方式、思维特点是什么？日军领导人鼓励士气、打消国民对战争的疑虑，以及在战场上指挥、调动部队的方式，显示出他们具有什么样的民族力量？我必须对战争的每个细节加以认真研究，以揭示日本人和日本民族的特征。

但是，美国和日本正在交战，这不利于我的工作。我无法深入日本国内实地调查，对一名人类文化学者来说，这种调查是最重要的研究方法。我无法前往日本，深入日本人的家庭生活，亲眼观察他们的一举一动，分辨影响他们行为的哪些因素是关键的，哪些是非关键的。我没法亲眼观察他们做决定时的复杂心理过程。我也不能亲眼观察他们如何养育子女。虽然著名人类文化学家约翰·恩布里（John Embree）写过一本非常有学术价值的关于日本村落和日本人的《须惠村》，但我们在1944年遇到的问题，却难以在这本书里找到答案。

不过，我依然相信，作为一名人类文化学者，还是有一些研究方法和条件可以利用的。我可以与一些日本人接触。与被研究民族的人直接接触，也是人类文化学者可以倚重的研究方法之一。美国生活着一些日裔美国人，其中很多从小在日本长大。我可以和他们接触，在他们同意的前提下询问他们的生活经历，了解他们如何对事情进行判断，对他们的叙述妥善利用，填补我们对这个民族研究中的空白。这对于想了解任何一种文化的人类文化学者来说都必不可少。当时，还有一些从事日本研究的社会科学家利用各种图书文献，分析历史事件和统计资料，甚至从日本人的广告单、宣传单中寻找有用信息。我相信，他们想要知道的答案都隐藏在日本人的文化传统和价值理念中。所以，如果我们对从小生活在这种文化中，受这种文化熏陶长大的人进行研究，一定会得到令人满意的答案。

我也大量看书，并向曾经在日本生活过的西方人士请教。图书馆里有大量论述日本的资料文献；西方社会也有许多优秀观察家曾在日本居住过，与他们谈话对我帮助很大。那些前往亚马孙河发源地，或者到新几内亚高原，深入到无文字部落中实地调查的人类文化学家，没有我这样的条件。原始部落民族没有文字，无法用笔墨记录自己的生活，展示民族文化优势。西方人对他们的叙述也仅限于皮毛，有时对他们的记载甚至只有寥寥数笔。他们的历史鲜为人知。对他们进行实地调查的人类文化学家，要在一片空白的情况下体验他们的生活方式，了解他们的文化习俗，考察他们的社会阶级，探索他们的宗教信仰。而我研究日本民族时，可以从许多学者的研究中得到启示。在有关日本的文献资料中，有许多对日本人生活细节的记录。曾经在日本生活、居住过的欧美人士，用手中的笔详细生动地记录了自己的经历。

此外，大量日本人写的传记，也记录了他们与众不同的人生经历。日本民族和其他东方民族不一样，他们有强烈的自我描述、自我表现欲望。在传记里，他们不但记录日常生活琐事，还抒写渴望在全球扩张的理想。他们在自传里直言想法、表达愿望，坦率程度令人瞪目结舌。不过，他们也并不会在自传中把渴望在全球扩张的野心都写出来。没有任何人和任何民族会这样做。描述日本时，他们会不知不觉省略一些对我们来说重要的细节，因为那些东西在他们眼里太普通了。其实，美国人描写美国时也是一样的。尽管这样，日本人还是喜欢在自传中暴露自己的真实想法。

达尔文创立物种起源理论时，曾大量阅读各种书籍，他在阅读时，尤其重视那些无法被了解的事情。研究日本时，我也大量阅读相关文献，我的读书方法和达尔文一样，也重视不被了解的事实。日本人在议会演讲中时常罗列一大堆观念，哪些我必须了解？他们为什么喜欢大肆攻击无足轻重的行为，却对骇人听闻的暴行听之任之？他们这种态度是由什么决定的？我在阅读时不断问自己，例如："这幅图画究竟存在什么问题？"是的，为了更好地理解日本人，我必须知道什么呢？

我还看了很多日本人编写、拍摄的电影，或者西方人在日本编写、拍摄，与日本有关的电影，包括各种宣传片、历史片，还有描述东京等城市和日本农村生活的现代影片。我会和一些在日本看过同样电影的日本人讨论，他们看待情节、男女主人公、反面角色时，与我的眼光是不同的。当我被一些情节弄得稀里糊涂时，他们却明明白白。在理解剧情发展、影片编导动机方面，他们和我也不一样。他们习惯从整部电影结构来对电影加以理解。就像阅读小说时，我对小说的理解和从小在日本长大的他们是不同的。我们的分歧很大。

他们有的会替日本民族的风俗习惯进行辩解，有的却痛恨一切，说不清楚谁的观念对我影响大。但是，不管他们对日本文化习俗是接受还是排斥，在对日本生活规范的描绘方面，却是一致的。

如果人类文化学家只是直接从研究对象（日本民族）那里搜集资料，再对资料分析解释，那么他们的工作和在日本生活过的西方观察家所做的事，没什么不同。假如人类文化学家只能做到这一点，就很难从那些曾在日本生活、居住过的外国人士撰写的专著中，获得有价值的信息。所以，人类文化学家都受过专业培训，在课题研究方面具有特殊能力。在一个已经拥有众多学者和观察家的领域中，值得他多花一些精力，做出属于自己的贡献。

亚洲和大洋洲的文化体系不同，人类学家通常都了解它们。日本人有一些文化习俗和生活习惯，与某些太平洋岛上的原始部落相似，例如：有的与马来诸岛上的相似；有的与新几内亚岛上的相似；有的与波里尼西亚岛上的相似。我们可以根据相似性，推测日本移民或许在古代社会到过这些地方，或许他们和这些岛屿上的民族接触过，这很有趣。可对我来说，了解其文化习俗和生活习惯相似性的意义，并非因为可能存在的历史联系，而是我可以借此更好地了解日本民族的特征。因为我知道这些生活习俗和习惯如何在一个简单的文化体系中发生作用。对亚洲暹逻人、缅甸人、中国人的文化习俗，我也多少了解一些。在亚洲悠久的历史文明中，它们是不可分割的一部分，我可以将日本民族与它们作比较。在研究原始民族时，人类学家曾反复证明，文化比较对于研究工作多么重要而有价值。也许某个部落的生活习俗有百分之九十都和它周围其他部落相同，可是，为了适应与周围任何一个民族都不相同的生活方式和价值理念，我们仍然可以对它的习俗做些修改与调整。在这个过程中，有一些基本生活习俗可能会受排斥，无论被调整部分在整个体系中占多小比重，都可能令该民族在未来向一个独特的方向发展。对人类学家来说，对那些在整体上有许多共性的民族差异性进行研究，是一种非常有用的研究方法。

人类学家必须最大限度地适应自身文化与其他文化的差异。他们的研究方法和技术也必须为解决这个问题不断调整、改善。他们凭自身经验可以知道，不同文化体系的人遭遇某些问题，并且必须做出准确判断时，不同部落、不同民族的判断及处理方式截然不同。例如在北极地区的一些乡村或热带沙漠中，部落文化习俗以血缘责任和财产交换为基础。对此，人类学家必须细致调查，不仅调查部落中人与人的亲属关系；调查其财产交换的每个细节；弄明白这种文化习俗在部落行为中可能导致的结果；还要了解部落中每一代人从小都受到了怎样的影响，又怎样将这些习俗继承下来。

人类学者对这种文化差异和制约，以及由习俗导致的行为后果的关注，在我们研究日本时可以妥善利用。今天，每个人都能感受到美国人与日本人的文化价值截然不同，而且这种不同根深蒂固。美国人甚至还这样说：“凡是美国人要干的事，日本人一定不会做。”如果从事人类文化研究的美国学者真相信这种说法，并简单认为美国人和日本人有离奇的差异，那么绝对不可能真正了解日本民族。人类学家用自己的经验证明，即使两个民族有最离奇的差异，也不会妨碍研究者对某个民族的理解。与其他社会科学家相比，人类学家能够更好地利用这种差异性，而不会把它当不利条件。国家制度和民族的差异越大、越离奇，人类学家就越重视。当一名学者研究某个部落或民族的生活方式时，该部落或民族中出现的任何东西、任何现象，都不会被忽略，也不会被视为理所当然，他会仔细研究每个细节，而不局限于少数特殊细节。有一些专门研究西方民族的学者，由于缺乏比较文化学方面的训练，没有相应的研究技术，也没掌握相应的研究方法，往往忽视了研究一些行为的整个领域。他们总把一些民族的行为视为理所当然，而对这些民族在日常生活中表现出来的琐碎行为习惯，以及人们对事物公认的说法，从不做研究。可是，对一个民族的未来具有影响和决定作用的，往往正是这些琐碎的生活习惯和人们公认的说法，它们在民族文化传统和生活习俗中所起的作用，甚至远远超过外交官们签订的各种协定和条约。

人类学家必须改善对某个民族日常琐事的研究技术。研究某个民族或部落时，人类学家碰到的日常琐事，与自己生活中的截然不同。如果他想了解某个部落中，被人们视为邪恶的行为，或者另一部落中，被人们视为怯懦的行为；如果他想了解在某种特殊情况下，某个部落的人会如何行动，或者他们对事物会有什么感受时，这位人类学家就会发现，他必须努力观察，并大量收集相关细节。在对文明程度较高的民族进行研究时，这些细节常被忽略。对人类学家们来说，这才是最关键的，而且他也要懂得如何对这些资料进行充分挖掘和利用。

研究日本民族时，这种方法值得一用。我们只有高度重视并注意某个民族在日常生活中的行为琐事，才能充分认识并理解这个民族，人类学家对它的研究和论证才有意义，也就是说，在任何最原始的部落或最先进的民族中，人类一切行为都来自于日常生活。不管其行为方式多么古怪，价值观念多么奇特，任何民族的情绪感受和思维模式，都与日常生活经验牢牢联系在一起。日本人的某些行为越让我困惑，我越认为在他们的日常生活中有造成这种行为的看似寻常的因素在起作用。我对日本人的日常生活细节越深入，研究工作就越有进展。我们每个人的学习也是根植在日常生活细节中的。

人类文化学家确信：日常生活中最细微、孤立的行为，彼此也有系统性的关联。那些成百上千单一细小的行为，如何构成庞大的整体行为模式？对这点，我也非常重视。任何人类社会都必须为自身的生活及存在方式进行设计。如果一个社会认可对某些情况的处理方式和评价方式，那么这个社会中的人就会把该结论视作全世界的结论。不管遇到多大障碍，他们都会把这样的结论融为一体。当人们接受了自己赖以生活的价值体系后，就几乎不可能再按另一种价值理念来思考和行动，否则这会使他们的生活陷入混乱。在日常生活中，人们将力求保持统一，并建立一些共同的原理和动机。这个系统必须要有一定程度的和谐，不然整个系统就会崩溃。

任何民族的经济行为、家庭活动、宗教礼仪、政治目的，会如同齿轮一样咬合在一起。例如：某部门发生比其他部门更剧烈的变化，其他部门就会感到巨大压力，因为部门之间要达到和谐一致。在人们追逐权力，却没有文字的社会体系中，人们对权力的意志不仅表现在经济交往中，也表现在对其他部落的关系与宗教活动中。后来，文字产生了，那么一般教会就会保留关于历史的记录，而没有文字的部落却不能这样做。随着人们对经济和政治权力的逐渐认可，教会便在一些领域放弃了自己的权力。所以，一些词句虽然被保留了下来，其内涵却发生了变化。宗教教义、经济和政治活动超越了各自的领域，彼此联系起来，以致不能分开。真理就是这样的，如果能将对某个领域的研究扩散到该民族的经济、宗教、教育等各方面，就越能深入探究这个领域；就更容易在生活的任意领域提出假说，并收集资料，获得有价值的研究成果；就越能把任何民族在政治、经济、道德上的要求理解为他们从社会经验中所学的思维习惯和生活方式的表现。所以，我这本书，并不单纯讲述日本民族的宗教、经济、政治或家庭，而是深入探讨有关日本民族的生活方式及各种价值观点。同时，这本书也描述日本人在表露自我时的一些观点。也就是说，本书主要探讨日本何以成为日本民族的原因。

20世纪，我们面临的障碍是：我们有一些模糊不清，甚至有失公允的观念。不仅对日本民族的形成，甚至对美利坚民族的形成、法兰西民族的形成、俄罗斯民族的形成，我们基本上都持有一种模糊、混乱、较偏激的观念。有时，仅仅由于一些细微差别，我们就认为那是难以调解的分歧。当某个民族以其社会经验和价值体系为基础，已在思想上形成了一套完全出乎我们设想和意料的行动计划时，我们却还在对共同目标高谈阔论。我们从来不找机会了解他们的生活习惯和价值理念。如果我们能够用心了解，或许我们能够发现，他们的某种行为并不一定就不好，因为他们此时具备的这种行为，并非我们了解并熟悉的行为。

我们不能完全相信各民族关于自己思想和行为的观点。每个民族的作家都努力描绘自己的民族，但是这并不容易。观察生活时，每个民族的镜头都不同。人们很难意识到自己只是站立在自己的角度，用自己的眼光观察的。每个民族都把这视为理所当然。观察事物时，每个民族所接受的焦距和视点都形成了自身的人生观，这仿佛是上帝已经安排好了的。因为焦距和视点不同，每个民族观察到的景观和结果也不同。就如同戴眼镜的人未必清楚镜片的度数一样，我们也不能够期望每个民族在观察世界时，能对自己的看法进行分析。如果我们想知道镜片的度数，可以向眼科大夫咨询；同样的道理，我们也有一天会承认，人类文化学者的任务就和眼科大夫一样，其工作就是负责为世界各民族做“分析”与“检测”。

人类文化学者的工作，既需要坚硬的心肠，也需要宽容的胸怀。提到“坚硬的心肠”时，可能有一些善意的人士会指责这种说法。这些人通常是“世界大同”的鼓吹者，他们坚信并向各民族的人灌输这样一种信念：“东方”与“西方”，黑种人与白种人，基督教徒与穆斯林，其差异都只是表面现象。他们认为，人类社会中的每个人，想法都是类似的。有时，我们用“四海之内皆兄弟”来形容这种观点。不过，我不理解的是，为什么在信奉“四海之内皆兄弟”时，不能说日本人有日本人的生活方式，美国人有美国人的生活方式呢？这帮“善良”的家伙似乎以为各民族都是用同一张底片印出来的，如果不这样，国际亲善主义如何能建立起来呢？如果把强求人们接受文化与个性的单一性，作为尊重其他民族的条件，就犹如丈夫强求妻儿与自己一模一样，这岂非不可理喻？与这些家伙不同，“硬心肠”的人相信民族之间的差异，而且尊重这种差异。他们的目标是建立一个能接受并容纳各种差异的“安全”世界。例如：美国就以地道的美利坚合众国的特点存在，但它不会对世界和平构成威胁；法国、日本也一样。对人类文化学家来说，如果试图靠外界压力扼制这一观念，不相信民族间的差异就如同悬挂在人类头顶上的达摩克利斯剑，那无疑是荒谬的。这位学者并不需要担心采取“硬心肠”的立场后，会让世界僵死。我们鼓励每个民族文化的差异，并不意味着这会让世界静止。例如：英国女王伊丽莎白一世后，有安妮女王时代、维多利亚女王时代，不同时代并没有使英国人失去其民族特征，因为不管时代如何变迁，这个民族始终能够适应不同的时代，承认不同时代的标准，共同的民族气质和特性始终存在。

对民族差异进行研究，我们既需要具有“坚硬”的心肠，也需要有“宽容”的态度。人类文化学者只有具备坚定不移的信仰，才会有不同寻常的宽容，宗教的比较研究也才能发展。他可能是基督徒，也可能是阿拉伯学者，或者根本就不信教，但不是偏激的人。如果人们还是保护自己的生活方式，而且总是认为自己的生活方式是最好的，那么文化的比较研究就不可能得到发展。他们不会明白，对其他文化的探讨，能加强对自身文化的热爱。那是一种令人充实而愉悦的体验，可他们却将这种美好感受排斥在外。因为保守固执，他们只会“强硬”要求其他民族接纳其生活方式与价值体系，除此别无选择。作为美国人，我们喜欢其他民族接受我们的生活信仰。可是，其他民族是难以接受我们的生活方式的，就像我们也很难学会用十二进位制代替十进位制进行计算，也无法学会像东非土著人那样以“金鸡独立”的方式休息。

所以，本书只是一本阐述日本民族生活习惯的书。我将在书中论述日本人对自己的要求。它将论及在什么情况下，日本人渴望得到礼遇，在什么时候则不希望；他们会在什么时候感到惭愧，在什么时候感到尴尬，等等。我在本书中论述的一些事情，基本上来自于他们的生活琐事。不过，这并不意味着他们都曾经置身于书中提到的每种特殊情况，而是在那些情况下，他们认为自己会怎么做。我研究的目的就是为了描述日本民族在灵魂深处的思考以及行动的态度。我的理想是这样，但也许在此书中我并未达到这样的目的。

从事这项研究时，很快就能发现这样一个问题，即调查材料的增多并不能保证一些现象确定性的增强。我们没有必要为了搞清楚“日本人会在什么时候向谁行礼”，对整个日本民族进行统计研究。因为这是一种被他们公认的行为习惯，任何日本人都能向我们证明，所以就不需要从成千上万的日本人那里获得相同的信息。

如果想弄清楚什么决定日本人的生活方式，工作将更艰巨。在研究中，人们迫切想了解的问题是：日本人观察事物的角度和方式，他们的判断与决策，是由什么决定的？他们的价值体系与观念，如何影响到对人生的态度？研究者还必须使自己的阐述，能让从不同角度观察人生的美国人清楚明白。从事这种研究分析时，最权威的证据不一定是"田中先生"——这是普通日本人的代称。因为"田中先生"也不能清楚地表明自己的观点，而且对他来说，为美国人做的那些解释也是没有意义的。

研究社会时，美国人很少注意研究一个文明民族的文化赖以存在的条件。在很多研究者心中，这些条件不言自明。几乎所有社会学家和心理学家，都把精力放在不同意见和行为的"分布"上，统计法是他们最擅长的。他们几乎对所有调查资料、调查问卷、访谈问答、心理测定等都做统计分析，并企图找出某些因素的独立性和关联性。他们甚至使用抽样调查技术，而这种研究方法通常用在舆论调查领域中。当然，通过抽样，可以在全国范围内使用科学方法选出有效问卷，这种方法在美国已高度完善。在选举中，使用这种方法，可以了解美国公众对某位候选人或某项政策的支持率和反对率，支持率或反对率又可以按照乡村或城市、低薪收入阶层或高薪收入阶层、共和党或民主党进行分类。所以，在实施普选，并由国民代表起草颁布法律的国家，这种调查结果具有重要意义。

调查美国人的意见时，美国人可以投票，还可以通过投票了解调查结果。他们能这样操作，有一个非常明显却无人提到的原因，那就是投票的人都熟悉美国生活方式，而且在观念中认为这种生活方式是天经地义的。所以，要了解另外一个国家，必须先对那个国家民族的习惯和价值观点进行系统研究，再考虑是否采用投票的方式，这样才有意义。如果在抽样调查中能够做到严谨、慎重，我们就能了解支持政府和反对政府的人各有多少。但是，如果我们事先并不知道某个民族对其国家持有的观念，那么抽样的结果又能告诉我们什么呢？所以，只有了解某个民族的国家观，才能弄清楚这个民族各个不同政治派别究竟会在街头巷尾，或者在国会中争论什么。一个民族对政府的态度和观点，比那些标志各政党势力的数字具有更普遍、更持久、更有说服力的重要性。在美国，不论共和党还是民主党，几乎都认为政府限制了个人自由。对一名美国人来说，也许只有战争年代才是例外，在美国人眼里，政府官员的地位并不比在民间事业中任职的人高。美国人的国家观完全不同于日本人的国家观，甚至与其他许多欧洲国家也有很大差异。我们必须了解的正是这些观点。这些观点又分别表现在风俗习惯、对成功人士的评论，以及民族历史神话、民间故事，还有和民族节日有关的辞令中。我们可以根据这些间接表现对一个民族进行研究，当然，这种研究必须是系统性的。

正如我们在选举中，要对人们投的赞成票、反对票各占百分之几进行研究，我们对某个民族在生活中形成的基本价值理念，以及他们倾向于解决问题的方式，也要详尽研究。日本正是这样一个国家。日本民族的基本观念值得我们好好研究。在从事这项研究时，我发现，一旦弄清楚西方人的观念与其人生观不相符合，掌握他们使用的一些范畴和符号，那么，西方人眼中的日本人行为中的诸多矛盾，就不再是矛盾。于是，我开始明白，为什么某些剧烈变化的行为，在日本人眼里却是价值体系的一部分。我也能试图说明原因了。和日本人一起工作时，我发现，日本人最初使用的稀奇古怪的词句和概念，都具有重要含义，还包含着他们长期使用这些词句和概念时，日渐积蓄起来的感情。他们的道德观和罪恶观，与西方人存在巨大差异。日本人和日本民族的价值体系是独特的，既不属于佛教体系，也不属于儒教体系，而是日本式的——包括日本的优势和劣势。

第二章　战争中的日本人

每个民族都有关于战争的信条，其中有些是西欧各国共有的，虽然各有特点。例如：号召军队全力以赴，战斗到底的动员方式；局部失利时，如何鼓励士气，让士兵们坚定必胜的信心；阵亡人数和投降人数的稳定比率；对战俘制定的行动规则等。在西欧各国的战争中，上述情况大致可以预料，而且西欧各国又同属于一个文化体系，战争也在它们共同的文化体系之内。

通过日本人在战争惯例上表现的差异，可以了解他们的人生观、价值观，以及他们对人生责任的看法与态度。我们这样做是为了能对他们的文化行为做系统性研究，至于那些不符合我们信条的东西在军事上是否重要，不在考虑范围内。他们每个行为都可能很重要，因为这往往与他们的性格相关。我们需要解答有关他们性格的一些问题。

日本人为战争“正义性”做辩护时，提出的一些前提条件与美国人相反。他们对待和衡量国际形势的观点与标准，也与我们不一样。美国人认为，战争起因是由于轴心国的扩张与侵略——日本、意大利、德国的扩张侵略，非法破坏了国际和平。在其占领的地方，不管是中国，还是埃塞俄比亚，或者波兰，其行为都证明他们是在压迫、欺侮弱小民族，这是罪恶行为。他们践踏了“自己生存也让别人生存”的游戏规则，侵犯了对自由企业“开放门户”的国际准则。但日本人在解释战争原因时，却认为只要每个国家都拥有绝对主权，世界无政府状态就会持续下去。日本必须为建立新的世界等级秩序而战斗。世界新秩序的领导者只能是日本，因为日本是由全体国民建立起来的自上而下的等级制国家，大家都自愿服从这种等级制，他们了解如何根据具体情况，让大家“各取所需”“各得其所”。他们在国家内部实现了统一与和平，平定了内乱，修建了道路，建起了电力、钢铁等产业。

根据官方数据，日本青少年大约有99.5%都接受了公立学校的教育。所以，他们认为自己应该伸出援手，帮助落后的邻国——中国。他们认为，在其渴望建立的“大东亚共荣圈”内，应该全是黄种人，有必要把美国人、英国人、俄国人等都驱赶出去，使他们都各得其所。世界各国都应该在国际等级制结构中，确定各自的位置，这样才能形成统一和谐的世界。在下一章，我们将继续探讨这种被日本人高度评价的等级制，及其真实含义。因为这种“等级制”是日本民族创造出来的，符合日本人的特征和日本文化的需求，也符合日本人的幻想。但对日本人来说，最大的不幸在于那些被他们压迫的人民，似乎没有用相同的观点看待日本人的“理想”。不过，日本人仍然认为“大东亚共荣圈”是正确的，从不认为自己的“理想”从道德角度来讲是罪恶的，受到了其他民族的非议。在日本战俘中，即使连具有“厌战情绪”和“反战情绪”的人，也很少有人指责说这是错误行为，他们并不认为日本对中国和其他亚洲国家发动的战争是非正义的。在今后很长一段时期内，他们一定会坚持这种态度，尤其是对等级制的信仰和忠诚。在这点上，他们与热爱平等、自由、民主的美国人水火不容。不过，等级制在他们心中具有什么含义？对日本民族有什么影响和作用？对日本人来说，等级制究竟有什么好处？这些我们必须了解。

在对胜利的期望上，日本人的观点和态度也与美国人不同。日本人总在叫嚣“大日本国必胜”“精神必将战胜物质”等。他们还说，虽然美国是大国，拥有先进优越的军事力量，可这不算什么。日本人早就知道这一点，从不把美国人放在眼里。在一份日本的《每日新闻》报上有一句话：“如果我们仅仅害怕庞大的数字就不会开战。敌人的丰富资源并非因这场战争才被创造出来的。”

日本人打了胜仗后，日本政客、军事指挥部和军人们，都反复强调说：“这场战争并不是军备力量的较量，而是精神信仰与物质信仰的战斗。”如果他们失败了，就会强调说：“我们的失败是暂时的，精神一定能战胜物质，物质的力量注定会失败。”当日军在塞班岛等地全线溃败时，这一理念和信条毫无疑问成为他们说服自己将战争坚持到底的理由。当然，这并非日本人替自己的失利找借口。当日军胜利，并对胜利进行夸耀时，这一信条如同进军的号角，激励着日军士气，使他们在战场上犹如猛兽一样。日军偷袭珍珠港前，这一信条就已深入日本人心中。20世纪30年代，日本前陆军大臣、狂热的军国主义分子荒木大将在一本名叫《告日本国民书》的宣传手册上写道：“日本真正的使命是在世界范围内推行‘皇道’，也许日本与世界上其他一些国家相比，力量悬殊，但有什么关系呢？我们相信，精神力量一定能战胜物质力量！”

和当时其他许多积极备战的国家一样，日本人也为战争的命运担忧。20世纪30年代，日本国民总收入被用于军备的比例大幅上升。在偷袭珍珠港的那年，日本国民总收入大约一半被用于陆海军装备，民政支出却只占总支出的17%左右。日本和西方国家的最大区别不在于物质和军备，日本政府在军备上的庞大开支不意味着他们对此毫不关心。他们相信“精神”永世长存，军舰与大炮只不过是“精神”的表面象征，正如武士将佩刀作为道德品质的象征一样。

美国人追逐物质的强大，日本人却重视精神力量。虽然日本和美国一样，也会在物质上开展“增产运动”，可是他们开展“增产运动”的前提和基础却不同于美国。日本人认为：精神是永存的，尽管物质必不可少，但与精神相比，物质是次要的、短暂的、转瞬即逝的。我们经常可以听见日本人在广播电台中说：“物质资源有限，没有永远存在的物质，这是永恒的真理。”日本人把对精神的信仰彻底用到了战争行动中。日军战争手册中有这样一句话：“我们要用训练来对抗敌人数量上的优势，要用精神战胜敌军庞大的物质支持。”这是他们的传统口号，并非特地为战争制定的。在日军战争手册的首页上，还用粗体字印着“战争必胜”四个字。日军飞行员驾驶小型飞机，以自杀的方式撞击美军军舰，这就是精神战胜物质的具体实例，这样的例子举不胜举。日本人把这一行动命名为“神风特攻队”。13世纪，蒙古帝国忽必烈汗东征日本，在海上遭遇飓风，使得东征无功而返，日本人把这场挽救了自己的飓风称为“神风”。

即使在民间，日本人也信奉精神优越于物质。例如：在工厂干了12个小时的活儿，又被通宵达旦的飞机轰炸搞得筋疲力尽，他们就对自己说，“身体越累，精神越好，意志越强”，“越疲倦越能锻炼人”。老百姓要在轰炸时躲进防空洞。冬天，防空洞里很冷，日本体育协会就通过广播组织大家做御寒体操，并说这种体操不仅可以代替取暖设备和被褥，还能帮助维持正常体力，尤其在缺乏粮食的情况下，能够维持生命所需。他们说：“也许有人认为，没有食物，吃不饱肚子，哪有体力做体操。如果这样想就不对。食物越匮乏，我们越要用这种方法增强体力。”也就是说，日本政府鼓励人民通过额外消耗体力的方式增强体力。美国人不一样。美国人看一个人有没有体力，要先看这个人有没有在前一夜里睡足八小时或者至少五小时，以及饮食是不是正常，是不是感到寒冷，然后再计算可以消耗多少体力。可是日本人在计算体力时，完全不考虑人体是否贮存了足够的体力，因为他们认为那是物质，物质是可以被精神战胜的。

战争时期，日本广播的内容非常极端化，他们甚至在广播中宣传说：精神可以战胜死亡！甚至有家广播电台播报日本飞行员战胜死亡的神话：

> 空战一结束，日军飞机就陆续飞回机场。最先回来的是一名大尉。他从飞机上下来后，站在停机坪上，举起双筒望远镜凝望远方天空。他的部下陆续驾着飞机回来，他一架架数着飞回的飞机。虽然他脸色苍白，但依然很镇定。最后一架飞机回来后，他放下望远镜，离开停机坪，回到小办公室中写了一份报告，然后拿着报告向司令部走去。到了司令部，他向司令官做汇报。刚汇报完，他就倒在地上。旁边的军官立即去搀扶他，可是他已经停止了呼吸。军官们把他抬进医务室，医生们对他做了仔细检查，发现他的身体早已冰凉，他的胸膛还有弹伤，这是一处致命的弹伤。医生们很奇怪，因为一个刚断气的人，身体不可能冰凉。可此时，大尉的身体却如同冰块。医生们断定，大尉，胸膛中弹时就已经死了，然而，坚强的精神和不屈的意志却支撑着他，让他驾驶着飞机飞了回来，并做完了汇报。可以肯定，正是因为一种强烈的责任感，才使早已死去

的大尉创造了生命的奇迹。

在美国人眼中，这纯属无稽之谈。可是，听到这条广播后，受过良好教育的日本人却并没有笑。他们指出：这位大尉的事迹是“奇迹般的事实”。难道不能有奇迹吗？人的灵魂是可以被训练出来的。显然，大尉是一名自我修炼灵魂的高手，而且早已修炼到炉火纯青的地步。既然老百姓都坚信“人的精神力量永世长存”，为什么一位具有强烈爱国责任心的大尉在死后不能继续多活几个小时呢？日本人相信，只要通过特殊训练，人的精神就一定能够达到最高境界。

美国人可以对日本人的这种极端行为嗤之以鼻，把他们的说法看作是穷途末路时的自我说服，或者压根儿就是受骗的日本百姓的幼稚想法。但是，如果我们真这样看，就很难在战场上，或者在日常生活中应付并战胜日本人。这些信念早已被深深烙刻在日本人的骨子里，在日本民族的精神中根深蒂固。所以，这些信念不能仅仅被当成怪癖或神经质。我们只有了解这些，才能对日本人进行真实的估量与评价，理解他们战败后承认“仅有精神是不够的”，“企图用‘竹枪’守住阵地是一种幻想”的真实含义，即在战场和工厂中，经过和美国人的精神较量，他们发现自己的精神力量是远远不够的。

在战争中，日本人对各种事情的说法为比较文化的研究者提供了丰富资料。日本人对安全、士气等高谈阔论时，只不过是在为精神力量做准备。不管遇到什么灾难，无论是城市上空的空袭，还是塞班岛上的溃败，或者菲律宾的失守，日本政府对老百姓只有一个解释：这些都在预料之中，不必忧心忡忡。日本广播仍然在进行夸张的宣传，政府借助这些宣传让国民继续相信，他们生活在一个一切都在预料之中的世界里。他们以为这种方法可以让老百姓保持镇定。广播说，“美军已经占领了基什加岛（Kjska），日本本土正处于美军的轰炸圈内，但我们对此早已料到，并做了充分安排”，“我们相信，敌人会以陆、海、空三军立体作战的方式向我们发起进攻，在我们的作战计划中，早已对此做好了准备”，等等。日本战俘，甚至连那些希望早日停战的战俘，都一致认为，美军的轰炸不可能摧毁日本人的士气。当美军对日本各城市进行轰炸时，日本飞机制造行业协会的副会长在广播中说：“敌人的飞机终于飞到我们的头顶上空来了，这样的事情一直都在我们的预料之中，我们已经对此做好了充分的准备，请大家不要担心。”是的，一切都在日本人的预料中，他们对一切早已胸有成竹，正是因为这样的信念，他们才自始至终认为，自己永远是主动的，不是被动的。“我们不要消极认为自己受到了攻击，应该主动把敌人吸引到我们身边来。”他们会说：“敌人啊，你要来就来吧！”或者说：“我们期待的时刻终于来了！欢迎它的到来！”他们绝不会说：“不希望发生的事情终于发生了。”日本海军大臣在国会演讲中，引用19世纪70年代著名武士西乡隆盛遗言中的一句话：“我们只有两种机会，一种是偶然碰到的；另一种是自己创造的。当我们面临困难时，就必须自己创造机会。”根据电台报道，当美军如神兵天降进入马尼拉市中心时，驻守马尼拉的山下将军只是“微微一笑，得意地说，敌人已经落入我们的怀中了……”；广播中还说：“敌军在仁牙因湾（Lingayen Bay）登陆后不久，马尼拉市迅速陷落，而这正是山下将军神机妙算。目前，事态的发展在山下将军的部署之中。山下将军的作战计划正在顺利实施。”根据他们的逻辑，似乎失败得越惨，事情的发展就越顺利。

美国人也爱走极端路线，但他们与日本人不同。为了应战，他们会全力以赴战斗。这场战争是日本人强加的，美国人遭到攻击，必须给日本人颜色看。美国政府发言人谈到珍珠港、巴丹半岛的失败时，绝不会说："这些都在我们的预料之中，我们早已经为此做好了准备。"他们会说："这是敌人强加给我们的灾难，我们必须给敌人一点厉害看看。"美国人每个时刻都能应付挑战，并随时准备应战。日本人的信念是必须把一切预先安排好，对他们来说，不曾预料是最大的威胁。

日本人经常说"全世界的眼睛都在注视我们"，所以，他们必须充分发扬日本民族的精神。美军在瓜达尔卡纳尔岛登陆时，日军指挥部向部队下命令说：他们现在已处于全世界的注视中，日本军人必须表现男儿本色。

海军指挥部还对官兵们下了一条指令，说：受到鱼雷攻击时，一旦接到弃舰命令，马上要以最完美的动作转移到救生艇上，不然就会"被世人嘲笑，美国人会把日本人的丑态拍成电影，拿到纽约去放映"。日本人很在乎这一点，因为这关系到其他民族对他们的看法。重视别人的意见，好面子，这在日本文化中也是根深蒂固的。

在有关日本人的态度中，最为人瞩目的是他们对天皇的态度。天皇对民众有多大的控制力呢？曾有几位美国权威人士指出：在日本700多年的封建社会中，天皇一直是地道的傀儡。日本人只对直接管辖自己的贵族（"大名"）尽忠，在"大名"之上的军事大元帅是将军，没人关心要不要对天皇忠诚。天皇住在与外隔绝的皇宫中，将军制定严格的制度，对天皇的活动、行为及生活起居等都做了限制；甚至连地位很高的封建诸侯对天皇表示敬意，也会被当成是对将军的背叛。在普通百姓心中，天皇几乎不存在。有的美国学者坚持认为只能从历史角度理解日本。百姓脑海中模糊不清的天皇为什么能够被拥戴，并成为保守的日本民族聚集力量的核心？这些美国学者认为，日本评论家夸大了"天皇对国民具有永恒的统治权"，评论家缺乏足够的证据证明这一点，所以，在美国制定的战时政策中，不需要对日本天皇表示礼遇。相反，对日本人关于“元首”的观念，美国人必须抨击。日本人把天皇视为“神道”核心，如果美国人挑战并摧毁天皇的神圣性，日本整个社会结构或许会崩溃。

但是，有一些才华横溢的美国人非常熟悉日本，他们读了来自前线的报道或者相关文献后，往往持不同意见。他们知道，在日本，用言语侮辱、攻击天皇，只会激起日本人战斗的士气，而不会摧垮他们的自信。他们相信，日本人不会把攻击天皇看作是攻击军国主义。第一次世界大战后，曾在日本生活过的美国人看到，当时日本国内到处都在叫嚷“德谟克拉西”的口号，军国主义的名声非常臭，军人前往东京市区都要换上便服，但是日本国民仍然非常崇敬天皇。这些美国人声称：日本人对天皇的崇敬之情，完全不是德国人呼喊“希特勒万岁”时能够比拟的。

日军俘虏的证词也证明了上述观点。日军俘虏不同于西方军人，没有接受过“战俘培训”，例如，被俘后应该说什么，可以说什么，不能说什么。所以，他们的答案花样百出。他们不相信自己会投降，其骨子中根植着“不投降主义”。直到战争结束前的几个月，这种状况一直没有改变过，不过，这在当时仅局限于部分军团和地方部队。我们重视俘虏的供词，从供词中能够了解日本军队的特征。日军俘虏并非因为士气低落而投降，也并非因为投降就不再有日军的特点。他们绝大多数是受伤后，或者失去了知觉后，因无力抵抗而被俘虏的。

一些俘虏会顽抗到底，他们认为这样做是遵奉天皇的旨意，为天皇献身。他们说：“天皇指引我参加战争，我是军人，服从是我的天职。”反对战争，抵制日本侵略计划的日本人，同样也把和平主义归之于天皇。总之，对所有日本人而言，天皇就是一切。厌恶战争的人把天皇称为“爱好和平的陛下”，他们说“天皇是反对战争的自由主义者”，“天皇被东条英机欺骗了”，“在满州事变中，天皇陛下反对日本军部”，“战争在天皇既不知情也没有许可的情况下爆发了，天皇不喜欢战争，更不允许日本国民卷入战争，天皇不知道日本士兵经受了怎样的虐待”，等等。这些供词完全不同于德国战俘的供词。虽然德国战俘对希特勒手下的将军和德军最高司令部背叛或违抗希特勒的行为不满，但仍然认为，这场战争的责任要由希特勒承担。可是，日本战俘却表示，对皇室的忠诚是一回事，对军国主义和侵略战争的政策是另外一回事。

在日本人心中，天皇和日本密不可分。他们说：“日本如果没有天皇就不是日本”，“天皇是日本的象征，是国民宗教生活的核心，国民对天皇的信仰超越了对宗教的信仰”。纵然日本战败了，他们也不认为天皇应该受到谴责或承担责任。他们还说：“老百姓不认为天皇应该对战争负责”，“日军战败的责任归咎于内阁和军部，天皇没有责任”，“虽然战败了，但是所有日本人仍然尊敬天皇陛下”。

日本人认为天皇超越一切。美国人却认为，人都不能免受怀疑和批判。所以，日本人对天皇的态度，在美国人眼里是自欺欺人。不过，直到战败，日本人仍然坚信自己的观念。审讯日军战俘时，就连那些对审讯战俘最有经验的人，都认为没有必要在每份审讯记录上写下“拒绝批判天皇”。所有战俘都不愿说天皇的坏话，包括和盟军合作，向日军进行反战宣传的日本人。在从各个地方汇集起来的日军战俘审讯记录中，只有三份口供委婉表示反对天皇，其中一份口供说：“保留天皇是日本的错误”。还有一份口供说：“天皇是一个意志薄弱的人，他只是一名傀儡”。另一份口供以猜测的语气说：“天皇可能让位给皇太子，如果废除君主制，日本妇女也许能获得美国妇女那样的自由。”

所以，日本军部利用国民对天皇的崇敬心理，把“天皇恩赐”的香烟赏给部下；天长节时，军部领导人会率领全体官兵面向东方拜三下，高呼“天皇万岁”；日军受到连续轰炸时，军部领导人会和部下一起早晚共诵天皇在《军人敕谕》中颁布的“圣旨”。在日军占领的东南亚森林中，能够听见这样的诵念声在森林中回响。日本军国主义分子利用民众对天皇的忠诚，号召每个官兵都要“遵奉天皇的旨意”，“不要让天皇担心”，“要以一颗崇敬的心来报答天皇陛下的仁慈”，“为天皇献身”！可是，对天皇意志的遵从却如一把双刃剑。很多日军战俘说：“只要天皇有令，哪怕只有一支竹枪，也要果断投入战斗；同样，只要天皇有令，我们也会立即停止战斗”，“如果天皇下令，日军第二天就会放下武器”，“即使最强硬好战的日本关东军也会服从天皇的命令放下武器”，“只有天皇的旨意，才能让日本民众承认战败，并愿为重建家园生存下去”。

对天皇无条件忠诚，对天皇以外的其他人加以批判，二者形成了鲜明对比。在日本的报刊杂志和战俘供词中，我们能看到很多对日本政府及军部的批判。战俘们大骂前线指挥官及不能与部下同生共死的人，还痛恨那些要么坐飞机逃跑，要么让士兵往前冲自己躲在后面的指挥官。他们谴责这些军官，称赞那些舍生忘死、能够与士兵同进退的军官。他们不缺乏辨别善恶好坏的能力，甚至连日本国内一些报纸、杂志，有时也谴责日本政府，或者抨击日本政府限制民众言论自由。1944年7月，东京一家报纸登载一篇文章，这是一份有新闻记者、日本前国会议员、日本极权主义政党参加的座谈记录。其中一位发言者说：“我认为激励民众的方法很多，最主要的是言论自由。这几年来，国民普遍不愿说心里话，不敢讲真话，因为害怕讲了真话后受谴责。他们表面服从，内心怀疑，胆小如鼠。如果这样，全体国民的力量如何发挥出来呢？”还有一位发言者说：“几乎每天晚上，我都要和选民谈话到深夜。我就各种事情征询他们的意见，不过，他们对我的问题唯唯喏喏，不敢开口。没有言论自由不能激发民众斗志。有所谓的‘战时特别刑法’与‘治安维持法’，大家都变胆小了，日本民众的战斗力仍然没有发挥出来。”

所以，即使在战争期间，日本人对政府、军部，或者对上司，都进行了不同程度的批判。他们没有无条件承认等级制的优越性，但也从没有批判过天皇。天皇的至尊地位直到近代社会才确立，时间并不长，为何受到如此尊重？这是由日本人性格中的什么因素决定的呢？天皇一声令下，他们就会奋不顾身战斗，直到战死。同样，天皇一声令下，他们也会老老实实缴枪投降，承认战败。那么，战俘的这些供词是真实的吗？还是故意欺骗我们的呢？

从日本人反对物质主义的偏见，到对待天皇的态度，这些有关他们民族个性特征的问题，不仅关系我们前线战争的胜败，也关系到对日本的占领和统治。他们还有一些态度与军队有关，如他们对日军战斗力消耗的态度。当美国向台湾海峡机动部队指挥官乔治·爱斯·麦肯因将军授予海军勋章时，日本人的态度与美国人不同。日本广播电台的内容是这样的：

> 美军司令官乔治·爱斯·麦肯因被授予海军勋章的官方理由并不是击退了日军。我们不了解美国政府为什么不这样说，因为尼米兹公报宣称他击退了日军。（中略）麦肯因受勋的理由是，他成功抢救了两艘损坏的美国军舰，并把它们安全护送到了海军基地。这件事虽然小，但却是真实而非虚构的。（中略）我们不怀疑麦肯因将军确实救了两艘美国军舰。但是，我们希望大家能够了解这样一个匪夷所思的事实，一名美国军官抢救了两艘军舰都能够被授予勋章。

美国人会援救困境中的人，会无私帮助受困者。救助受难者本身就是一种勇敢行为，如果还能让受难者获救，就更是英雄行为。可是，在日本人的观念中，勇敢不代表对受难者的救援，甚至排斥救援。美军在B29轰炸机和战斗机上配备救生设备，也被他们视为“胆怯”。他们总在报纸、广播中反复谈论这个话题。他们认为，只有视死如归的冒险行为才是高尚的，小心谨慎没有意义。因此，日军对待伤病员和疟疾患者也与美国人不同。在日军眼里，伤病员犹如废物。当然，这也和医疗条件匮乏有关。战争中，医务人员和医疗药品欠缺，甚至难以维持军队正常战斗力。时间一长，后勤补给跟不上，本来就紧张的医疗设施更供不应求。但这并非全部真相。日本人对物质主义的轻视也有重要作用。一直以来，日军被不断灌输这样一个观点，死亡是精神的胜利。对伤病员的照顾，就犹如在轰炸机上放安全设施，防碍了英雄主义行为。即使在日常生活中，日本人也不像美国人那样，只要身体不舒服就去看医生。在美国，人们对伤病员的同情和照顾远胜对其他福利设施的关心，就连在和平时期到美国旅游的欧洲人，也不得不承认这一点。在战争中，日军既没有受过专业训练、能够在战火中搬运伤员进行抢救的救护班，也没有系统的医疗设施，像前线救护所、后方野战医院，远离前线的康复医院，等等。在医疗物品的补给方面就更不要提了。有时，如果情况紧急，日军伤病员干脆被直接杀掉，特别是在新几内亚、菲律宾等地区，日军根本没有提前转移伤病员的习惯；只有当他们因种种原因，不得不从有医院的地方紧急撤退时，才会想到采取一些措施。这时，军医指挥官往往会在临走前，下令把伤病员全部枪杀，或是让伤病员自己用手榴弹自杀。

既然日本人对自己的同胞都是这样的态度，那么对美军俘虏时也同样如此。用我们的眼光来看，日本人不仅对美军战俘犯有虐待罪，甚至对自己的同胞也犯有虐待罪。被俘的前菲律宾上校军医哈罗鲁得·格拉特里

（Harald G1attly）说，他被俘虏后，被囚禁了三年，这期间，美军战俘获得的医疗护理待遇，比日军伤病员获得的待遇还要好。被俘的盟军军医可以照顾盟军俘虏，可是日本人却没有一个军医。曾经有段时间，日军只有一名医务人员，而且这名医务人员还是一名下士，后来才被升为中士。在战俘营，这位菲律宾上校看到日本军医的机会，一年只有一两次。

日本人在兵员消耗理论上，最极端的表现就是绝不投降。西方军队如果在战斗中尽了全力后，寡不敌众，会向敌人投降；即使投降，他也仍然认为自己是光荣的。按照国际协议，战俘一旦投降，就会通知他们的国家，让家属知道他们还活着。不管军人还是普通百姓，即使在自己家里，都不会因为投降受到羞辱。可是日本人不一样。他们认为，战死才是荣誉。在绝望中，日军士兵会用最后一枚手榴弹自杀，或者赤手空拳冲进敌阵进行自杀式进攻，但是他们不会投降。如果因为受伤没有能力抵抗，或者失去知觉做了俘虏，他就会觉得自己“回国后再也抬不起头”。他会失去名誉。不需要对此实施特别教育，日军始终都会忠实地实践这条军纪。例如，在北缅会战中，日军被俘与战死的比率为142：17166，即1：120。而且，在142名俘虏中，除了极少数人，绝大多数都是受伤丧失了抵抗力或者在昏迷时被俘的。在西方军队里，阵亡者一旦达到全军兵力总数的1/4或者1/3，一般都会停止抵抗，投降人数和阵亡人数的比例大约是4：1。在霍兰迪亚（Hollandia）战役中，日军首次大规模投降，其投降人数与阵亡人数的比例大约是1：5，这与日军在北缅战役中的1：120相比，已经是很高的了。

在日本人心中，美国战俘仅仅投降就很可耻了。投降的美军战俘即使没有负伤，没有疟疾等疾病，在日本人眼里一样是“废物”，不再被视为“完好的人”。一些美国战俘后来说，在战俘营里，美国人如果发笑是非常危险的，因为这会刺激日军看守。日本人认为，做了战俘已是奇耻大辱，美国人不但不感到羞耻，还要发笑，他们无法忍受这一点。美国战俘必须服从命令，其中许多命令也是日军看守要遵守的。日军早已习惯了急行军，也习惯乘坐拥挤得像沙丁鱼罐头一样的运输船转移。有的美国人说，日军看守要求俘虏帮助隐瞒违规行为，如果战俘公开违抗就视为犯罪。俘虏们白天外出修路，或者去工厂做工，回战俘营时，日军不允许他们从外面带回食物。不过这个规定并不管用。战俘们只要把水果、蔬菜等包好并藏起来，就可以带进战俘营。但是，一旦被日军发现，就会被视为严重的罪行，因为那意味着公开挑战日军权威。公开挑战日军权威，即使只是一句抗拒的话，也会被日军严厉惩罚。在日常生活中，日本人也不允许顶嘴。在军队，只要顶嘴就会受到严惩。日军战俘营中有许多暴行和虐待行为。我们区别对待日本人受文化影响的行为习惯和暴虐行为，并非为了宽恕他们的残暴行为。

战争刚开始，日军认为敌军会虐杀战俘，更把投降视为耻辱。日本各地流传说美军在瓜岛上开着坦克把俘虏们碾死。有时，可能有日军准备投降，但美军又怀疑他们投降的诚意，就把这些日军杀害了。事实上，美军怀疑日军投降的诚意，并非没有道理。当日军除了死亡已别无选择时，他们时常会把和敌人同归于尽视为骄傲，甚至被俘后，也一样会这样做。正如一名日军战俘曾说：“既然决定要把自己奉献给胜利的祭坛，那就勇敢牺牲吧，否则就是奇耻大辱。”正因如此，美军才对日军投降持戒备心理，也令一些日军最终放弃投降。

日本人的思想深处早已烙上了“投降可耻”这一理念，这和我们对待战争的游戏规则是不同的。为了让家人知道自己还活着，有的美军战俘要求日军把自己的姓名通知美国政府，这令日本人很吃惊，也让日本人对他们产生了蔑视。日本人可能根本想不到，巴丹半岛上的美军竟然会向他们投降。他们深感意外，他们以为美军也会像他们一样战斗到底。美国人为什么不以被俘为耻呢？他们理解不了这一点。

西方士兵和日本士兵还存在着一种戏剧性的差异，那就是日军被俘后，竟然会与盟军合作。在日本人看来，被俘后，既失去了名誉，也失去了作为一个日本人的生命。日军战俘很少有人要求回国，不论战争结果如何。一些日本战俘还要求尽快将自己处死，他们说："如果你们不愿处死我，我就做一名模范战俘。"事实上，他们做得比"模范战俘"还要好。一些日本老兵，包括多年来一直是极端军国主义分子的日本战俘，告诉美军日军存放弹药库的位置，帮助美军给日军写宣传品，甚至还和美军飞行员一起乘坐轰炸机，替美军指点日军的军事目标，似乎他们的生命从此翻开了新的一页，这一页的内容与他们曾经的生命完全不同，但他们依然表现出同样的忠诚。

并非所有战俘都这样。不少日本战俘顽固不化。不管怎样，他们也只在一定条件下，才可能具有上面这些行为。有些美军心存警惕，不敢让日本人这样帮助他们，还有些战俘营压根儿就不打算要日本战俘为他们提供这样的服务。不过，在那些接受日军战俘服务的战俘营中，对日军战俘也逐渐以信任来代替最初对他们的警惕。

美国人没有想到日军战俘的脑筋会发生180度的大转弯。这与美国人对战争的信条格格不入。日本人的行为似乎是这样的：他们选定了一条道路后，就会全力以赴。如果失败了，就会自然选择另外一条道路。战争结束后，我们是否可以考虑利用他们这种行为模式？也许这仅仅是个别日本士兵做了战俘后表现出来的特殊行为？这和日本人在战争中表现出来的很多行为的特殊性一样，都强迫我们思考，日本人的生活方式究竟是怎样的？日本民族的各种习俗、各种制度，彼此是如何制约的？日本人的思维模式是什么？他们的行为习惯是什么？这一切都是我们面临的问题。

第三章　各得其所，各安其分

日本人经常使用“各得其所”这个词。要理解日本人，首先要弄清楚它的含义。日本人对秩序、等级制的热衷，与我们对自由、平等、民主的信仰是两回事。我们不可能在全社会实施等级制，并把它作为一种社会结构。日本人热衷这种等级制，与他们对人与人，个人与国家关系的理念分不开。为了了解他们对待生活的态度，我们必须先对他们的民族风俗有所了解。

日本人对国际关系的看法，与他们对国内关系的看法一样，都是在用等级制的观念看待这个问题。如果把全世界等级制看作是一座金字塔，那么在过去十年中，日本人一直认为自己雄踞于金字塔顶端。如今，他们在国际上的地位已被西方各国取代。不过，由于等级制对日本民族的深刻影响，日本人对现状也持接受的态度。日本人在其外交文件上，一再表明自己对等级制的重视。1940年，日本和德国、意大利签订三国同盟条约，日本人在条约的前言中写道：“大日本帝国政府、德国政府和意大利政府都相信，让世界各国‘各得其所’是维护和平的前提条件……”天皇在签署这一条约时，还特地颁发了一份诏书，并在诏书中再次强调这一点。诏书中说：

> 弘扬大义于八方，缔造神舆为一宇，实我皇祖皇宗之大训，亦朕夙夜所眷念。今世局动乱不知胡底，人类蒙祸不知何极。朕所珍念者，惟在早日勘定祸乱，光复和平。……袭三国盟约成立，朕心甚悦。唯万邦各得其所，兆民悉安其业，此乃旷古大业，前途尚迢……

偷袭珍珠港的那天，日本特使向美国国务卿赫尔递交了一份声明，也明确提到这一点：

> ……使万邦各得其所，乃帝国坚定不移之国策……与上述使万邦各得其所之帝国根本国策背道而驰，帝国政府断然不能容忍。

日本人这份备忘录是针对赫尔前几日的备忘录发的。就像日本人对等级制的信仰一样，赫尔在备忘录中，也强调了美国人所尊重的基本原则。在备忘录中，赫尔提出了四项原则：各个国家的主权和领土完整性不可侵犯；各国互不干涉内政；各国彼此信赖，愿意进行国际合作及和解；各国平等。这些内容建立在美国人信奉平等的基础之上。美国人认为，在国际关系和日常生活中都应该遵循这些准则；要想创造一个美好的世界，首先要平等，平等才是全世界最崇高、最道德的基本原则。平等意味着不受专制主义压迫，不受其他国家干涉，不受他人强制，意味着自由以及在法律面前人人平等，意味着每个人都有改善自己生活条件的权利。这也是当今世界正逐渐有组织实现的基本人权的基础。即使我们自己破坏了这个原则，我们也要支持平等，并怀着极为愤怒的心情向等级制宣战。

美国人从建国以来，始终秉持这一观点，杰斐逊还把这条原则写进了独立宣言。美国宪法中的《权利法案》也是以这项原则为基础建立的。美国人在公开的法律文本中慎重地写下这些原则，充分反映了美国人在日常生活中遵循的生活方式，这种生活方式与欧洲人的生活方式完全不同。19世纪30年代初，年轻的法国观察家阿历克西·托克维尔在访问美国后，写了一些有关平等的书。托克维尔既聪明，又敏锐，他很快就在这个陌生的国度里找到了美国人的许多优点。在他眼中，美国是另外一个世界。托克维尔从小在法国贵族社会中长大，在他的那个社会阶层里，仍很活跃且具有影响力的人士都受过法国大革命的震憾和冲击，随后又受到《拿破仑法典》的制约。托克维对美国人的生活秩序做了高度评价，并以一位法国贵族的视角报道了在欧洲旧大陆即将发生的事情。他认为，美国领导着人类社会的发展，所以在美国发生的事情也将在欧洲发生，尽管欧洲与美国存在着巨大差异。

托克维尔对一个即将来临的全新社会做了详细描述。他相信只有在这样的社会里，人和人才会真正平等；人与人的交往才会建立在一个崭新的和谐基础之上；人与人才能够平等交谈。美国人对建立在等级制上的礼节从来不看重，他们既不要求别人懂这些礼节，也不会向别人展示这些礼节。美国人喜欢说自己没有接受过任何人的恩惠。美国社会没有古老的贵族阶级，没有罗马式的家族。日本社会中的等级制在美国社会中完全不存在。托克维尔还说，美国人唯一信奉的是平等，除此之外，没有什么可以让他们信仰的，即使自由有时也可能被忽略。只有平等，才是美国社会的基础。

由一个外国人来描写美国人在许多世纪以前的生活，这样的文章相信美国人读了之后会感动。从美国建国之初到现在，虽然发生了许多变化，可是美国社会中的基本原则没变。读了托克维尔的书，我们相信，19世纪30年代的美国就已经与今天的美国相差无几了。生活在杰斐逊时代的亚历山大·汉密尔顿偏爱贵族式的社会秩序，像他这样的人，过去有，现在仍然会有。纵然如此，汉密尔顿也承认：贵族式的生活在美国已经不存在了。

珍珠港事件爆发之前，我们告诉日本人，美国在太平洋地区采取的政策完全是以“平等”为基础的，这是我们信奉的基本原则。美国人相信沿着自己的方向前进的每一步，都能令这个仍然不完美的世界在某种程度上得到改善。但是，日本人宣布他们信奉“各得其所”的生活原则，也是根据他们的社会经验建立的。很多世纪以来，日本民族早已把“不平等”作为自己有组织的生活准则，这既在我们的预料之中，也被日本民众广泛接受。不过，这并非一种简单的权威主义，不管是统治者，还是被统治者，他们的行事准则都与美国人截然不同。如今，在日本人眼中，美国处于等级制的最高位置，作为美国人，我们更需要对日本人的行为习惯有清楚的认识。只有这样，我们才能知道，日本人在现在的这种情况下，会怎样行动。

虽然这几年来，日本已逐渐西化，但仍然是一个贵族社会。从人们之间的寒暄、接触，都能显示出彼此间在社会地位上的差异。当一个日本人在表达“吃”或“坐”时，他会区分对象的不同而采用不同的表达方法。在日语中，表示“你”的词有好几个，在不同场合要使用不同的“你”；日语动词也有好几个不同的词根。日本人和其他生活在太平洋地区的一些民族一样，日常用语中都有“敬语”，而且在使用“敬语”

时，会不时地鞠躬、跪拜。日本人对这些动作的使用都有严格的规矩和习惯。鞠躬时，要弄清楚对方的身份、地位，才能掌握鞠躬的分寸。假如同时面对两个日本人，对其中一个人鞠躬恰到好处，但同样的鞠躬对另一个人可能就是无礼的。鞠躬的形式多种多样，既有跪在地上、双手伏地、额触手背的最高级别的跪拜礼，也有只动动肩、点点头的简单行礼。日本人必须知道在什么场合用什么礼仪，所以他们从小就要学习。

日本人不仅用礼仪确认人与人的等级差别，而且行使礼仪时，还必须考虑双方的性别、年龄、家庭关系、交往历史等。即使年龄、性别、身份、地位相同的两个人，在不同场合也要表示不同程度的尊敬。一般人对好朋友可以不行鞠躬礼，但是，如果好友穿军服，而自己穿便装，那么，就必须向好友鞠躬。遵守等级制是一种艺术，它涉及许多因素，并要对这些因素加以平衡。有时，有的因素会互相抵消，有的却会彼此强化。

美国人在家庭生活圈内不怎么拘泥于礼节，他们一回到家里，就会扔掉形式上的礼节。日本人不一样。他们从小要在家里学习礼仪，观察礼仪。婴儿还在襁褓中时，母亲就会不时地用手按他的头，教他懂礼节。孩子刚刚蹒跚学步，就要学会尊敬父亲和兄长。在日本人的家里，妻子要向丈夫鞠躬，孩子要向父亲鞠躬，弟弟要向兄长鞠躬。日本女孩不论年龄大小，都要向兄长和弟弟鞠躬。鞠躬不仅是一种形式，还意味着受礼的一方对鞠躬人的事情有权干涉、过问，并对鞠躬的人承担起相应的责任。日本人的等级制是以性别、辈分、长幼顺序为基础的，这是他们家庭生活的核心。

日本人和中国人都讲究孝道。公元6世纪和7世纪，中国人关于孝道的观念，伴随着中国的佛教经典、儒学书籍，以及中国人的文化生活习俗等，传入日本。为适应日本人的家庭结构，他们又对“孝道”做了修改。中国人习惯于对大家族尽忠。中国人的大家族中可能有许多成员，家族中的“家长”对全体成员有裁决权。中国幅员广阔，每个地方的风俗都不一样，但在大多数地区，生活在同一个村庄的居民，几乎都属于同一个家族。四亿五千万中国人，姓氏却只有一百多个，同姓的人多少都会承认相互是同宗。甚至某些地区的居民，可能全部都来自同一家族，某些远离家乡生活在城市里的家庭，也可能和他们是同宗。在人口稠密的广东地区，每个宗族的成员都会联合起来，共同经营、维持自己的家族宗祠。祭祖时，全体家族成员会共同向祖宗牌位行礼。每个家族都有自己的财产、土地和寺庙。有些家族还专门设立了基金，帮助那些家境贫寒却有前途的家族子弟学习。每个家族都会联系分散在各个地方的成员，每隔十年左右，他们会修订一次族谱，族谱上记载着每代家族子孙的姓名（只记录男性，不记录女性）。家族中还有世代传下来的家规。过去，中国人的家族甚至有权处决本族中的犯人。在中国封建社会，家族都是半自治性质的，只在名义上接受国家管理，管理各地的地方官员们在家族成员的眼里，仍然是局外的人。

日本却不一样。直到19世纪中期，在日本也只有贵族和武士家族才有姓氏。对中国人来说，姓氏是整个宗族的根本。族谱就相当于用来记录姓氏的书籍。在日本，只有上层阶级才有族谱，而且日本人族谱中记载的姓氏是从活着的人开始往上追溯的，而不像中国人那样，从远古开始，逐一列举祖先传下来的后裔。这两种记录方式不一样。在日本封建社会，老百姓并不是对自己的家族尽忠，而是对封建领主尽忠。每个领主就是当地的最高统治者，这与中国那种任期短暂的官员不同，因为后者是这个地区的外人。日本人更看重的是某个人是属于萨摩藩还是肥前藩。人们与所属的藩有着更密切的联系。

为了使宗族制度化，日本人还在神社或圣地参拜远祖或氏族神，没有姓氏和族谱的平民也可以参加这些活动。但是日本人没有祭祀远祖的仪式。当平民前往神社参加祭祀时，不用证明自己是同一个宗族的。在神社内，他们被统一称为祭神的“孩子”，因为他们都居住在这位祭神的封地上。和许多其他地方的村民一样，虽然他们世代居住在同一个地方，彼此多少有一些亲戚关系，但并不是出自同一个祖先。

和在神社祭神不同，祭拜祖先在家里进行，家里有祭坛，祭坛上设了六、七个年代较近的亲属的牌位，称灵牌，相当于墓碑。日本人几乎每天都在家里的祭坛前怀念去世的父亲、母亲、祖父母和一些近亲。他们还在去世亲人的牌位前供奉食品。在日本人的曾祖父、曾祖母的坟前墓碑上，即使碑上的文字被风雨侵蚀得难以辨认，他们也不会重新刻写，三代以前的坟墓甚至还会被遗忘。日本人对家族的概念是比较淡薄的，这点类似于西方人，尤其与法国相似。

所以，日本人的孝道只限于家庭内部，最多包括父亲、祖父、伯父、伯祖父及其后代。日本人对孝道的观点是：在家庭中，每个人都要确定符合自己辈分、年龄、性别的地位。即使在家族支系比较庞大的豪门望族中，家族各个分支也会彼此独立，次子以下的男孩都要另立门户。在每个独立的家庭内部，都严格要求家庭成员“各安其分”。每个家庭中都有一个地位最高的男性，直到他隐退前，家中其他成员都必须严格服从他。如果祖父尚未隐退，那么父亲不管有多少个成年儿子，都仍然必须向年迈的祖父请示，做任何事都要征得祖父的允许，即使自己的儿子已经三十岁、四十岁了，他也必须这样做，子女的婚姻也由父母包办。用餐时，一家之长要先举筷；沐浴时，一家之长要先入浴；当全家人毕恭毕敬向他行礼时，他只是点头受礼。日本有一则广为流传的谜语，用美国人的话翻译就是：“为什么儿子向父母提意见，就像要求和尚蓄头发一样？”这条谜语的答案是：“不管怎么想，绝对办不到。”

在日本，“各安其分”不仅意味着辈分差别，也意味着年龄差别。在对混乱的秩序进行表达时，日本人常说“非兄非弟”，就像美国人时常说的“既非鱼又非鸟”一样。在日本人的观念里，长兄的性格应该“游刃有余”。长子一般是家庭继承人。一些去过日本的游客说：“日本人家中的长子从小要学习勇于承担责任的不凡气概。”长子在家中的特权几乎与父亲相差无几。从前，弟弟一般会依赖哥哥；如今，尤其在农村和乡镇，长子会恪守古老的传统留在家中，次子、三子等通常会离家，外出求学，接受更多教育，在城市里工作生活，获得更高的收入。尽管如此，日本社会古老的等级制仍然根深蒂固。

在日本政坛上针对大东亚政策的讨论中，其传统文化中的兄长特权也表现得淋漓尽致。1942年春天，日本陆军省一位中佐，谈到关于“大东亚共荣圈”时说：“日本人是他们的兄长，他们是日本人的弟弟。我们要让生活在占领区的人都知道这个事实。如果我们对当地居民过分体恤，会使他们在心理上误解并滥用日本人的好意，从而对我们的统治产生不好的影响。”也就是说，只有“哥哥”才能决定什么事对“弟弟”有益，“哥哥”会强迫“弟弟”做一些事，而且哥哥不会对弟弟“过分体恤”。

日本人在等级制中的地位还和性别有关。走路时，妇女要紧紧跟随在丈夫身后，她们的社会地位比丈夫低。日本妇女穿西服时，可以和丈夫并肩行走，进门时也可以在丈夫前面，但是，一旦换上和服，就必须退到丈夫的身后。在日本人的家庭里，礼物、父母的关爱、教育费用等，通常都是兄弟们享有的特权，女孩子只能眼睁睁看着。在女子高等学校里，开设的课程主要限于礼仪和行为举止规范，有关智力教育的课程根本无法与男子学校相比。如果一位女校校长对学生说要学习一点欧洲语言，那是因为她希望这些女孩子将来可以为丈夫整理书籍，对丈夫阅读的书可以正确归类、摆放。

不过，与其他许多亚洲国家相比，日本女性还是拥有很多自由的，这并不仅仅因为日本正在逐渐西化。和中国古代妇女不同，日本女性没有缠过足。她们可以在商店自由进出，在街道上自由行走，不用躲藏在闺房中。在日本，家庭钱财和经济收入由妻子管理。如果家里缺钱，她们有权对家中物品进行选择并送进当铺。在日本人的家里，佣人都由主妇使唤，母亲对儿子的婚姻大事有发言权。日本妇女做了婆婆后，更会牢牢操持、掌管家务，儿媳妇对婆婆唯命是从。

辈分和性别赋予了日本人极大的特权。不过，享有这一特权的人，并非独裁专政，而是受托对家庭其他成员负有责任和义务。父亲和兄长要对家中全体成员负责，不管是活着的、去世的，还是将要出生的。作为家里地位最尊的人，父亲和兄长必须为家庭事务或家庭成员做决定，并保证决定能够被实行。当然，父兄并非拥有绝对权力，他们的一切行为都要考虑到家庭荣誉，并对家庭荣誉负责。作为“家长”，他们要保证儿子或弟兄牢记家族遗训，管理好家族遗产，包括精神遗产和物质遗产，并要求每个家庭成员都不辜负家族荣誉。哪怕仅仅是一个农民，他也会祈求祖先保佑自己的荣誉与责任。日本人的阶级地位越高，对家族承担的责任就越重。对日本人来说，家族的要求总是高于个人的要求。

日本人遇到重大事情就会召集家族会议，并在会议上进行讨论。例如，如果某位家庭成员要订婚，其他家庭成员可能会从很远的地方赶回来参加。这样的过程并不因人而异，也没有轻重之分。即使妻子或弟兄的意见，也可能产生决定性的影响。此时，如果“家长”不重视其他人的意见，独断专行，就可能让自己陷入尴尬的境地。家庭会议做出的决定可能很难让被决定的当事人从命，此时，一直服从家族会议决定的长辈们，就会毫不让步地要求晚辈服从决定。普鲁士人可以对妻子和儿女专横，这是由法律和传统习惯赋予的权利，但是日本人对晚辈行使的权力不一样。日本人迫使晚辈服从某个决定时，其强制性并不弱于普鲁士人对妻儿的专横，但二者效果不同。日本人并不会学习如何尊重专制权力，也不会轻易向专制权力屈服。日本家族的意志是以“共同忠诚于家族”的名义，要求家庭成员服从的。

日本人从小就在家里培养有关等级制的习惯，再把学到的习惯用于日常生活的各个领域。对那些“适得其所”的人，日本人都表示敬意。对日本人来说，即使丈夫受妻子支配，哥哥受弟弟支配，但是在正式关系中，妻子仍然尊重丈夫，弟弟仍然尊重哥哥。这种等级特权是约定俗成的，不会因为有谁在后面操控而被破坏，也不会因为实际支配关系而被改变。有时，它会给那些不拘泥于正式身份而行使实权的人带来不便。只有遵循等级制，才不易受到别人的非议与攻击。通过家庭生活，日本人懂得，一旦做出某个决定，要获得最有力量的支持，就必须让整个家族相信这个决定能够维护家族荣誉。这种决定不是“家长”随意强加的命令。在日本人的家庭中，“家长”更类似于物质财产和精神财产的管理人，对全体家族成员来说，这些“财产”非常重要，每个成员都要让个人意志服从于家族“财产”的要求。对家族成员，日本人并不使用武力威胁，但家族成员的服从性并不因此减弱，对“家长”的敬意并不因此降低。就算家族中的年长男性不会成为强有力的“独裁者”，等级制依然能够维持下去。

对日本家庭等级制的粗略介绍，并不能使美国人理解日本家庭中的感情纽带，因为美国人在人际关系上的标准和日本人不同。日本人的家庭中有一种很牢靠的联结性，日本人是如何获得这种联结性的呢？要了解日本人在政治、经济、生活等领域中对等级制的要求，我们首先要知道他们如何在家庭中学习有关等级制的行为规范和习惯。

日本人在阶级关系上表现出来的等级制习惯，与他们在家庭生活中表现出来的一样明显。自古以来，日本都是一个等级森严的阶级社会。像这样一个尊重等级制的民族，既有它的长处，也有它的短处。从有文字记载的历史以来，等级制都是日本人的生活准则，这一准则可以追溯到公元7世纪。当时，中国的传统文化和生活方式传入日本，日本人对这些文化和习俗加以变通，使它们适应了自身的等级制。从7世纪到8世纪，天皇和宫廷用中国的文化习俗对日本传统文化加以充实。当时，中国社会的文明程度远远高于日本，而在那以前，日本还没有文字。7世纪时，日本人以中国的表意文字为基础，创造了自己的文字。在那以前，日本人只有一种宗教信仰，他们认为，日本的山岳、村庄、河流等，大约由四万名神祇镇守着，日本人的福祉是由这些神祇赐予的。后来，这一民间宗教历经变迁，演变成今天的日本神道。7世纪时，佛教大规模从中国传入日本。日本人把佛教当成"保护国家的至善"的宗教。在此之前，不管官方还是私人，日本都没有永久性的巨大建筑。后来，天皇命人仿照唐朝的京城长安，修建了奈良城。在各个地方，日本人还仿照中国的建筑式样，修建了许多佛教寺庙。日本使节把唐朝的官员体系和法律法规带回日本，天皇采用这套体系，制定了日本的官员体制和法律体制。在世界历史上，还没有一个民族能够像日本这样，系统而有计划地汲取外来文明，并最终获得成功。

不过，日本没有继承中国的社会组织形式。唐朝的官位是授予通过了科举考试的官员的，日本的官位却授予等级制中的世袭贵族和封建领主。此后，日本不断分裂为许多半独立的藩国，藩国的领主互相嫉妒，并针对各自的特权，包括领主、家臣和侍从的特权，制定并形成了一些社会习俗。尽管日本不断吸纳中国文化，但从来没有采纳过中国人那种可以取代等级制的生活方式，例如中国的宗族制度，这个制度将各种不同身份、不同职业的人“团结”到一个大的宗族体系中。日本人没有接受中国人对皇帝的观念。在日语中，皇室的人被称为“云上人”，只有皇室的人才能继承皇位。中国不一样，中国封建社会经常改朝换代，但日本从没发生过改朝换代的事。在日本人心中，天皇神圣不可侵犯，天皇就是神祇。虽然天皇和宫廷大臣们将中国的文化引进到了日本，但他们一定猜不透中国对于自己文化和生活方式的真实含义，更不清楚自己对这些文化做了什么样的改动。

所以，虽然日本继承了中国的一些文化，但新的文明仅仅为在随后几百年里，日本世袭领主和家臣之间的争权夺利开辟了道路。8世纪末，贵族藤原氏掌握大权，成为幕府将军，把天皇驱赶到幕后。只要其他封建领主能够被源赖朝的子孙控制住，源氏家族就将世袭“将军”称号。此时，天皇空有虚名，天皇唯一的重要性表现为将军必须象征性地接受他的封赐。天皇没有任何行政权利，大权牢牢控制在幕府手中。为了维持统治，幕府将军用武力对付那些不肯服从的封建领主。日本封建领主被称为“大名”，有自己的武装，有效命的家臣，家臣被称为“武士”。武士完全服从大名的指挥。动乱时，他们时刻准备向敌人（敌对的大名），甚至幕府将军发起挑战。

16世纪，日本处于内乱之中。几十年后，德川家康击败了所有的对手，并在1603年成为德川家族第一代将军。从1603年到1868年，在这260多年里，“幕府将军”都由德川家族世袭，一切政务都由将军控制。直到260年后的近代，德川家族的统治才宣告结束。德川家族的统治是漫长的，也是日本历史上的一个重要阶段。这260多年里，德川家族一直尽力维系日本和平，并有效实施了中央集权制，这种中央集权制是专门为德川家族的政治目的服务的。

德川家康曾经碰到一道难题，而且最终也没有想出解决办法。日本国内一些强大的藩主，即旁系大名，曾在内乱中反对他，并总要坚持到最后惨败才会向他臣服。他们归顺后，德川家康允许他们继续掌控自己的领地和家臣。这些大名在领地上享有最高自治权。但是，德川家康不允许他们享有德川家臣的荣誉，更不允许他们在幕府中担任重要职务。幕府内所有重要职务，都由德川家康的嫡系大名担任。嫡系大名都是在日本内乱中坚决拥护并支持德川家康的人。事实上，维系这种局面并不容易。为了做到这点，德川家康尽一切力量，防止藩主积蓄力量，预防任何可能会威胁自己的力量。德川家族没有废除封建体制，相反，为了维护日本的和平和德川家族的统治，还极力强化了封建体制。

在日本封建社会中，阶级和阶层的划分非常复杂，每个人的身份都是世袭的。到了德川家族统治时期，这一世袭制度得到了强化和巩固。德川家族对每个阶层成员的日常行为，都做了详细规定。每户家庭的“家长”必须把自己所属阶层地位和世袭身份的标志，贴在家门口，他的服饰、饮食、住房等，都要符合世袭身份。除了皇室和宫廷贵族（公卿），日本还有四个世袭等级，它们是：士（武士）、农、工、商，最下层的是贱民。在贱民中，人数最多、大家最熟悉的是“秽多”，就是从事各种污秽职业的人，如清道夫、掩埋死囚的人、剥死兽皮的人等，他们被称为“不可接触者”，就是说日本人根本不把他们当人。他们生活贫困。虽然政府允许他们从事被批准的职业，但正式的社会组织却把他们排斥在外。

商人的地位稍微比贱民好一点。美国人可能对此感到诧异，但这却是日本封建社会的现实。因为商人代表的阶层利益，总会在某种程度上破坏封建等级制。如果商人代表的阶层位居于社会主流地位，封建制度势必会走向衰落。17世纪，德川家族还颁布了一道严厉的“锁国令”。这项政策从根本上粉碎了日本商人赖以存在的基础。因为日本曾在中国和朝鲜沿海地区进行海外贸易，久而久之形成了商人阶层。德川家族规定，任何人只要驾驶或建造超过规定大小的船只，都要被处死。德川家族允许驾驶或建造的小船，既不能在海上航行，也不能用来大规模运输商品。因此，“锁国令”一颁布，交易就受到了严格的限制，大名们分别在各自领地上设置重重关卡，严禁商品出入。还有一些日本法律甚至明确规定商人的社会地位低下，例如，在《奢侈取缔令》中，对商人的穿戴，使用的雨具，以及婚丧的费用，都做了明确限制。商人不能和武士住在同一个地区，武士可以用刀对商人进行凌辱，但是法律却不保护商人。德川家族试图永远把商人置于卑贱的地位，而这一政策在货币经济中，无疑会失败。日本当时也是依靠货币经济才得以运转的。

日本封建社会的稳定是由武士和农民这两个阶层维持的。但这两个阶层也受到德川家族的剥削。德川家康平定日本内乱前，著名武将丰臣秀吉通过“缴刀令”，将武士和农民阶层做了彻底分离。丰臣秀吉下令收缴所有农民的武器，并规定只有武士才能佩刀，武士不能从事农民、工匠或者商人的工作，哪怕身份最低的武士也不能合法从事生产，武士阶层成为“寄生阶级”，为了供养他们，每年都要从农民的赋税中抽取大量年贡米作为他们的俸禄。大名要把征收的谷米按份额分配给每名武士。武士不用考虑生活来源问题，他们的生活从此完全依赖领主。最初，大名和武士的关系是靠藩国之间连绵不断的战争来维系的。在德川时代，日本不再有内乱，大名和武士之间的联系纽带就变成经济性的了。和欧洲中世纪的骑士不一样，日本武士既没有领地，也没有农奴，也算不上是有钱的士兵。他们只依靠俸禄生活，而俸禄份额的多少是由家族地位的高低决定的。武士的俸禄并不多，据日本学者估计，武士阶层的平均俸禄与农民的收入差不多，只能维持最基本的生活。所以，如果武士家族的继承人只能分享这点俸禄，简直就没法生活。于是，武士阶层就开始限制家族的规模。在当时的日本社会，人的威望是由财富和外在形式决定的，这也让他们感到难堪。所以，俭朴是一种美德成为武士的信条。

武士和农、工、商之间有一条巨大的鸿沟。农、工、商都是“庶民阶层”，但武士不是。

武士的佩刀是特权和阶级的标志，他们拥有对庶民使用佩刀的权利，在德川时代，这已经成为一项传统。德川家康在法律中规定：“凡是对武士无礼，对上级不尊重的庶民，都可以马上杀掉。”德川家康没有想过要在庶民和武士之间建立相互依存的关系，他的政策以严格的等级制为基础。大名统领庶民和武士阶级，这两个阶级之间有一道不可越过的鸿沟。有时迫于形势，这道鸿沟之间也可能需要桥梁，但不管怎样，这道桥梁并非体系固有的。

德川家族统治时期，武士除了舞刀弄剑，还帮助藩主管理财产，学习各种艺术，有的还在一些领域内成了专家，如古典音乐、茶道等。武士帮助藩主处理文书，实施藩主的谋略。两百多年的和平岁月并不短暂，武士们舞刀弄剑的机会并不多。正如商人不顾严格的等级制，追求舒适高雅的城市生活方式一样，武士一方面准备拔刀应战，另一方面也追求各种高雅艺术。对农民阶层来说，虽然法律不保障他们的权益，时常会受到武士的欺凌，并要缴纳沉重的赋税，还受到其他各种限制，但他们仍然具有一些保障。日本法律保护农民对农田的所有权。在日本，拥有土地也是威望的象征。在德川幕府时期，土地被禁止永久性转让。这与欧洲封建时代的法令不同，日本这条土地法没有保障封建领主的利益，而是保障每个农民的利益。农民永久性地拥有土地的权利受到了重视，于是，农民耕作土地时就会不辞辛苦。不过，农民仍然需要养活“寄生阶级”，他们就如同阿特拉斯（希腊神话里的擎天神）一样。

当时，日本的寄生阶级大约有两百多万人，包括将军、各地大名和他们的机构、武士等。农民们要上缴实物税。作为生产水稻的农业国，暹逻的传统赋税率大约是10%，但在德川时代，日本农民的赋税率高达40%，而且实际交纳的往往比40%还要高，还有些大名领地内的农民要交纳80%的赋税。

农民还经常被强制服徭役以及提供无偿服务，这些都大量消耗了农民的时间和精力。为了生存，农民也对家庭规模进行限制。在德川时代，日本人口总数几乎没有增长。在一个长期相对和平的亚洲国家，人口停止增长足以说明当时的社会状况。不管对靠年贡生活的武士，还是对生产者，德川政权都实行了严格限制，同时，下属和上级之间也有相对的依赖性。每个人都清楚知道自己的特权、义务、地位。一旦特权、义务、地位受到损害，就连最贫穷的人也会表示抗议。

在极度贫困中，农民也进行反抗，既反对封建领主，也反对幕府将军。德川时代的农民起义不下一千次，主要是为了抗议沉重的赋税。忍无可忍时，他们就集结起来涌向藩主的府第。农民们先写好请求减轻赋税的请愿书，呈交给藩主的内臣。如果请愿书被扣押，或者藩主置之不理，他们就会派代表前往江户，把状纸呈送给幕府将军。有时，农民还在江户城内的大街上公开拦截幕府高官的车马，直接呈上状纸，以免状纸被扣押。虽然农民呈递状纸会冒很大的风险，可是幕府将军收到状纸后都会马上调查，判决结果大约有半数对农民有利。

不过，幕府将军判决农民的状纸，并没有满足日本社会对法律和秩序的要求。农民的抱怨和要求可能是正当的，国家也应该尊重他们的要求，但是，这样的诉讼显然侵犯了以等级制为基础的日本法律。虽然判决结果对农民有利，但是农民已经破坏了等级制。所以，不论农民的目的如何正确，按法律，他们都要被处死，就连农民自己也承认这是必然的结局。所以，被宣判死刑的农民领袖成为农民心中的英雄。人们聚集在刑场上，看着他们或者被投入油锅，或者被砍头，或者被钉在木架上，他们目睹行刑，但不会趁此暴动。这就是日本的法令，也是日本社会的秩序。他们死后，人们会为他们建立祠堂，将他们追奉为殉难者、烈士，但是对于刑罚，日本人认为这是自己生存的等级社会的核心与基础，应该接受。

在德川幕府的每个统治时期，将军都致力于巩固幕府统治，加强各藩地的等级结构，使每个阶级都能真心实意依附封建领主。在各藩地中，地位最高的是大名。大名对下属可以行使任何特权。在行政上，将军控制大名。将军采取一切手段，防止大名互相结盟，或者防止他们侵犯幕府。将军在每个藩地的边界上设了哨卡，检查来往行人，并严禁大名私运妇女出境，或者偷运武器入境。没有得到将军的许可，大名之间不能联姻，这是为了防止他们在政治上结盟。藩地之间的通商也受限制，有时甚至不允许藩地之间架桥修路。将军还派出许多密探前往各地，暗中了解大名们的财政收支。一旦将军了解到某个大名的金库中有很多钱，就会让这个大名承担土木建设工程。土木建设非常消耗钱财，于是，大名的财政收支会急速下降，并回到原有的水平。在这些规定中，还有一项是：大名每年必须在江户住半年，大名离开江户返回自己的领地时，必须把妻子留在江户做人质。幕府将军就是通过这种方式，殚精竭虑地加强自己在等级制中的地位，保证自己的政治权势，维护自己的统治利益。

如果把等级制比喻成一座拱桥，将军并非拱桥正中的拱心石，因为将军奉天皇之命掌管政权。手中没有实权的天皇和宫廷世袭贵族（公卿）被迫隐居京都（江户）。天皇的财政收入甚至不及实力最小的大名，宫廷的一切仪式也受将军控制。虽然这样，可即使最有权势的德川将军，也没有废除天皇之心。从12世纪开始，天皇就被剥夺了实权，实际统治权掌握在大元帅（将军）手中，大元帅（将军）以天皇的名义治理国家。曾经有段时期，这种职权分化更严重，管理国家的实权被交付给世袭的世俗首领，天皇徒有虚名，世袭首领的权力又由世袭的政治顾问行使。当时的日本国内，像这种权力的委托和再委托的事情经常发生。在德川幕府统治末期，培里将军根本就没有想到将军背后还有一位天皇。1858年，美国第一任驻日使节哈里斯和日本谈判通商条约，这是美国第一个通商条约，当时，哈里斯也是靠自己才发现日本竟然还有位天皇。

事实上，天皇在日本人脑海中的概念，在太平洋地区的其他各国中并不鲜见。天皇是神圣的国家首领，可以参与国家的政治，也可以不参与；可以自己行使权力，也可以把权力委托、交付给别人。但他是神圣的。在新西兰各部落中，国家首领异常神圣，以至于进食时，都不能亲自取食，必须由别人侍奉着“喂”他，甚至连往他嘴里送汤的汤勺，都不允许碰到他的牙齿。外出时，他必须让人抬着，如果他的脚碰到地面，那块土地就会被视作“圣地”，归他所有，从此任何人都不能再触碰这块地面。据说他讲的话，能传到部落信奉的各位神祇的耳中。在一些太平洋岛屿上，例如萨摩亚岛、汤加岛，作为神圣首领，他的生活与世俗没有任何关系。国家一切事务都由世俗首领掌握。在18世纪末，詹姆斯·威尔逊曾经到东太平洋的汤加岛，在对那里的政府进行描述时，他说：这个政府“和日本很相似，神圣首领就如同被军队首领扣押的政治犯一样”。在汤加岛上，神圣的首领不参与政事活动，但要掌管宗教仪式。人们从果园里采摘下来的第一枚果实要交给他，要在他的带领下举行宗教仪式，仪式完成后，人们才能吃这枚果实。他去世时，在讣告中要用“天堂空虚了”之类的话，然后才在庄严的仪式中被葬入巨大的王墓。但是，他与政治毫不相关。

虽然天皇没有实权，但是他们在等级制中仍然占有一定地位。在日本人眼中，天皇能否积极参与政治事务，并不是衡量身份的标准。在由征夷大将军统治的那几个世纪中，他们对天皇始终秉持毕恭毕敬的态度。当然，在西方人的观念中，这样的天皇简直是多余的。不过，对于处处遵循等级制的日本人来说，并非如此。

上到天皇，下到贱民，日本封建社会的等级制，在近代也烙下了深刻迹印。大约75年前，日本才在法律上宣告封建制度的结束，不过，根深蒂固的等级制却深深印入这个民族的骨髓之中，是不会在短时间内消失的。在下一章，我们会看到，日本近代社会的政治家依然在谨慎计划要保存等级制，虽然此时的日本已与过去有很大的不同。与其他一些独立的民族相比，日本人受等级制的影响极深。在等级制中，人的每个行为规范，都宛如精密的地图，每个人的社会地位都是被规定好的。在两百多年里，在这个等级制社会里，一切法令和秩序都靠铁腕政策来维持。在此期间，日本人逐渐学会将这种繁琐的等级制与社会安全稳定紧密联系起来。只要他们始终处于自己所知的领域，能够行使自己的义务，就能够信赖这个世界，盗贼就能够受到控制，大名之间的内战也能被有效遏止。只要臣民能够证明自己的权利受到别人的侵犯，也可以像农民受到剥削之后那样提出控告。虽然这样做有风险，却得到了公认。开明的德川将军甚至还设立过“诉愿箱”（控诉箱），任何公民都可以把抗议投入这个箱中。箱子的钥匙掌握在将军手中，只有将军才能打开这个箱子。在日本，一旦发生侵犯性行为，只要这种行为不被现存行为规范允许，法律就能保证它得到纠正。日本人相信这样的规范，并相信只要遵守这样的规范，就会是安全的。在日本人看来，人的勇气与完美在于能够与这些规范保持一致，而非抗拒或修订这些规范。在规范被明确的范围内，那就是一个可知的世界，也是一个可以信赖的世界。这些规则不同于《摩西十诫》中那些抽象的道德规则，它们详细规定：在这个场合应该怎么做，在另外一种场合该怎么做；武士应该怎样，平民又该怎样；兄长应该怎样，弟弟又该怎样，等等。

日本人生活在这种制度中，但和那些生活在强大等级制中的民族不同的是，他们不会变得温良恭顺。最重要的是，我们必须承认，日本每个阶级都能得到某种保障，即使贱民也能被保障对其从事的职业进行垄断，而且他们的团体也得到政府的认可。虽然每个阶层都会受到很多限制，但相对来说，各个阶层秩序井然，而且是安全的。

日本等级制中还有一种灵活性是印度等国所不具备的。为了不破坏常规，他们习惯用明确的手段对制度加以调节。一个人可以用几种不同的方法改变等级身份。在货币经济中，放高利贷的人和商人一定会富起来。富人会用各种方法跻身上流社会。富人可以靠典押或收地租变成地主。农民的土地不能被转让，但是日本的地租很高，所以，让农民继续留在土地上对地主是有利的。放高利贷的人会住在某块土地上收地租。在日本，拥有土地的“所有权”既能获得权势，也有利可图。地主的子女可以和武士阶层通婚，地主可以成为绅士。还有一个可以改变身份和地位的方法，就是过继与收养，这个方法使地主可以出钱“购买”武士身份。虽然德川家族对这一行为加以限制，但是富裕的商人仍然千方百计把自己的儿子过继给武士当养子。多数日本人会招女婿，但很少有人收养子。倒插门女婿被称为“婿养子”，并成为岳父的继承人。但是，他也会付出巨大的代价，他的姓氏将从生父家的户籍中抹掉，转入妻子家的户籍，变成妻子家的姓氏，和岳父岳母一起生活。虽然代价很高，但也获益颇多。于是，富裕的商人家的后代成了武士，穷困潦倒的武士家庭与富商结亲。等级制依然如故，没有被破坏，但是经过变通，为富有的商人提供了上层等级的身份。

日本人等级制并没有要求人们只能在同一等级内通婚。日本人可以在不同等级内通婚。通过这种方式，富裕的商人进入武士阶层。这点对于西欧与日本的差异也有显著影响。当欧洲中产阶级逐渐发展起来时，其巨大的压力迫使各国封建体制崩溃，然后，中产阶级领导了工业革命，现代社会进入工业时代。但是日本没有这样的中产阶级，商人和放高利贷的人公开“购买”上层阶级身份，商人和武士结成联盟。在欧洲和日本封建制度同时处于衰亡之中时，日本竟然容许出现这样的现象，实在令人惊异。在日本的贵族和市民之间，我们似乎看不到阶级斗争的迹象，这大概也是一条让人信服的证据吧。

商人和武士阶级的共同目标对双方都有利。在法国，类似的情况也可能会对双方有利。西欧社会也出现过类似的例子。不过，欧洲和日本不一样。在法国，如果出现阶级冲突，最终可能导致贵族的财产被剥夺。可是在日本，他们却联合起来。正是靠商人、金融阶层和下层武士联盟的力量，衰朽的日本幕府被推翻。到了近代社会，日本仍然保留了贵族制度。如果当时的日本没有容许阶级之间流动，这种情况或许就很难出现了。

日本人喜欢并信任他们那套繁琐的等级行为规范。遵循这套规范将保证他们的安全；允许他们对自己受到的非法侵犯进行抗议，还可以对它进行调节，让它适应自己的利益；它要求人们相互履行义务。19世纪后期，当德川幕府逐渐崩溃时，日本国内并没有任何阶层的人主张废除这些规范。日本也没有发生过类似法国大革命或二月革命之类的革命。但是，幕府崩溃的形势已成定局，从普通平民到幕府将军，几乎每个阶级都欠商人和放高利贷人的债。那些人数众多的非生产阶级，以及巨额的财政支出，早已经难以维持。大名财政窘迫，无力支付武士的定额俸禄，维系整个封建制度的纽带已经穷途末路。幕府企图依靠增加农民的年贡来避免沦亡，他们常年向农民征收高额赋税，使农民贫困至极。幕府濒临破产，难以再继续维持下去。1853年，美国培里将军率舰队到达日本，此时，日本国内的危机已经达到顶点。培里将军强行进入日本后，在1858年与日本签订了《日美友好通商条约》，虽然日本并不情愿，但已无力抗拒。

当时，日本国内的口号是“一新”，即“恢弘往昔”“王政复古”。这些口号既没有进步性，也与革命对立。当时还有一个广为流传的口号是“攘夷”，它与“尊王”联系在一起。日本国民普遍支持回到锁国时期，并重新施行锁国时期的政治纲领。只有很少人知道这条路是走不通的，他们努力奋斗，但被极端分子暗杀。日本人并不喜欢革命，当时没有任何迹象反映它会改弦易辙，顺应西方模式，更没有人相信它在50年后能与西方国家一争雌雄。但这一切还是来了。日本将自己与西欧国家完全不同的优势发挥出来了，并取得了令人意外的效果，这是日本高层人士和舆论界从未预料到的。如果可以从水晶球中看到日本的未来，那么19世纪60年代的西方人，一定不会相信这一点。因为在当时，并没有什么迹象预示20年后将有一场剧烈的风暴横扫日本列岛。虽然不可能，但仍然发生了。从此，落后的、深受等级制约束的日本民众，开始急速转向一条新的道路，并坚持走了下来。

第四章　明治维新

“尊王攘夷”“王政复古”“驱逐夷狄”等口号，宣告了近代日本的到来。这些口号可以激励日本人的士气，鼓励日本人战斗，使日本免受外国侵略，并致力于让日本恢复到19纪前的黄金时代。在这些叫嚷着“尊王攘夷”的人士中，最激进的是天皇派分子，他们是天皇的支持者，目的是要把外国人从日本驱逐出去，重新恢复日本人传统的生活方式，剥夺“改革派”在国内外事务上的发言权。此时，实力强大的外样大名成为倒幕派先锋，他们试图通过“王政复古”取代德川幕府，一举统治日本。农民盼望着能够少纳赋税，多保留自己的粮食，他们并不喜欢“改革”。武士阶层希望能够保留自己的俸禄，并能够挥刀上阵建立战功。那些在财政上支持“王政复古”的商人们，虽然并没有对封建制度提出指责，却希望能在日本大力推行商业。

1868年，日本的倒幕派势力获得了成功，同时宣告“双重统治”的结束。当时，在西方人眼里，胜利者要推行一种保守而孤立的政策，可事实恰恰相反，新政府上台后采取的政策，大大出乎人们的意料。不到一年的时间里，大名在各个藩地的征税权就被取消了，在日本农民按“四公六民”（四成归大名，六成归农民自己）交纳的赋税中，原本交给大名的“四成”赋税被收归政府。日本政府并不会无偿占有这“四成”赋税，政府会给每个大名发放俸禄，每个大名的俸禄大约相当于他们正常收入的1/2，同时免除了原本由大名提供的武士俸禄以及公共建设费。武士也和大名一样，开始由政府发放俸禄。在接下来的五年里，日本又陆续从法律上废除了每个阶层之间的不平等条令，以及服饰上象征等级、地位的标志。日本政府甚至还下令日本民众“散发”（即1871年公布的“散发脱刀令”，为了破除旧习，提倡“文明开化”，准许日本民众自由剪发，并废除佩刀）。

贱民获得了解放，禁止土地转让的法令也被废除了，设立在各个藩地之间的关卡也被撤除了，还把佛教的国教地位也取消了。到了1876年，日本政府又把大名和武士的俸禄折算成秩禄公债，即日本政府向大名和武士一次性发放相当于五到十四年的俸禄，从第六年开始，大名和武士每年抽签还本付息，三十年内付清。秩禄公债的数额按每个人在德川时代领取的固定俸禄标准制定。政府把这笔钱提给大名和武士，是为了资助他们创办新式的非封建制企业。

作为新生政权，明治政府的这些改革措施并不得人心。当时，日本民众对明治政府改革的热忱，远不及他们对于1871年到1873年侵略朝鲜战争的热忱。但是，明治政府并没因此动摇改革的决心，不仅如此，他们还彻底否定了全面侵略朝鲜的计划。日本政府的施政方针和明治政府支持者的愿望强烈对立，1877年，西乡隆盛组织了大规模的反政府叛乱。西乡隆盛和他的军队代表了日本的“尊王”派，他们希望维持封建主义制度；明治政府却在“王政复古”后第一年内就与封建主义背道而驰。日本政府招募了一支由普通平民组成的义勇军，并打败了西乡隆盛的军队。不过，西乡隆盛的叛乱，并不能够证明当时日本政府的改革在国内引起了强烈不满。

日本农民对政府也不满意。在明治政府建立的最初十年里，即1868年到1878年，日本国内至少爆发了一百九十次农民起义。明治政府直到1877年才逐渐减轻农民的赋税，所以，日本农民对新政府感到不满意也在所难免。对建学校、征兵、丈量土地、散发令、给贱民平等待遇、限制佛教信仰、改用阳历，等等，日本农民也极为不满，因为这些革新都在促使他们改变早已形成并习惯了的生活方式。

那么，明治政治的改革，究竟是由谁推动的呢？推动明治改革的是由封建下级武士和商人结成的“特殊联盟”。这些武士曾经是日本大名的家臣，具有一定的政治手腕，曾经帮助大名对藩地内的垄断企业，如矿山、纺织、造纸等，进行管理。商人为了改变自己的地位，又购买了武士身份，并将自己掌握的生产技术知识在武士阶层中进行普及。于是，武士与商人的联盟，将一些野心勃勃的人迅速推上了历史舞台，他们开始为明治政府出谋划策，帮助明治政府实施改革新政。但是，关键的问题不在于他们来自的阶级，而在于他们的精明能干和敢于实践。19世纪后半叶，日本刚脱离中世纪，和今天的泰国一样，当时的日本国力异常衰弱，也正是在那时，诞生了一批对国际国内形势具有敏锐洞察力的领导人，并由他们领导、推行了一项极需政治谋略的事业，而这项事业远远超过世界上其他民族曾经做过的尝试。作为日本人，这些领导人的优势和劣势，都集中反映了日本民族的本质特性。这本书的主题就是在对日本民族的过去和现在进行探讨。在这里，我们只能先暂时了解明治时期的政治家究竟是如何完成这一事业的。

支持明治改革的政治家，并没有把自己的任务看作意识形态中的一场革命，而是把它当成一项事业来完成。他们的目标是要让日本在世界上成为举足轻重的强国。他们没有破坏日本民众心目中的偶像，也没有大骂日本的封建阶级，更没有剥夺他们的财产，相反，他们用高官厚禄对封建阶级进行诱惑，促使他们支持明治政府。他们经过努力，改善了农民的待遇。虽然他们针对农民的改革晚了十年，但这并不是因为他们从阶级立场出发，拒绝农民对政府的要求，而是由于在明治时期，政府的国库异常空虚。

那些掌握明治政权的政治家精明强干，他们不愿意废除等级制，“王政复古”使天皇位居顶峰；但是他们又废除了将军，从而使等级制得以简化。在“王政复古”之后，明治政府的政治家们又废除了藩主，消除了日本民众在忠于藩主与忠于国家之间的矛盾。这些改革并没有从根本上否定等级制，而是重新赋予了等级制新的理念，并把等级制提到了一个新的位置上。为了向国民推行自己的政纲，那些被称为“阁下”的明治领导人，还强化了中央集权的统治。他们既使用压力，也施予恩惠，为了达到目的，他们恩威并施。但是，当公众强烈反对使用阳历、设立公共学校、废除对“秽多”等贱民的不平等待遇时，他们也并没想过要迎合这些想法。

1889年，天皇把一部《大日本帝国宪法》赐给了日本民众，这大概是天皇给予日本民众的一种恩惠吧，它赋予了人民在国家中的地位，还设立了议会。明治政府的“阁下”们，经过对西方各国宪法的研究与批判，精心制定了这部宪法。但是，在宪法中，起草宪法的人“采取了一切预防措施，防止人民对政府的干涉以及对政府进行舆论侵扰”（金子坚太郎子爵语）。负责起草这部宪法的机构，即日本“制度取调局”，隶属于宫内省，被视为神圣而不可侵犯。

明治时期的政治家们非常了解自己的目的。伊藤博文公爵也是草拟宪法的人之一，1880年，他派木户（孝允）侯爵前去英国，并就日本当前遇到的问题向斯宾塞（Herbert Spencer）征询意见。经过了一番漫长的交谈后，斯宾塞写了一封意见书寄给伊藤。斯宾塞在信中写道，因为等级制早已根植在日本民族的文化习俗中，所以应该对它进行维护和培育。斯宾塞还说：在日本传统中，日本人对长辈所尽的义务，尤其是对天皇所尽的义务，是日本民族很大的优点。日本人将在“长辈”的领导下前进，还能够克服许多在个人主义国家中难以避免的困难。斯宾塞的这封信验证了他们的信念，令明治政府的政治家们深为满意。这些政治家力图在现代世界中，继续保持日本人“适得其所”的优点。他们并不想破坏等级制等传统习惯。

不管是在政治、宗教，还是在经济领域内，明治政府的政治家们都明确规定了国家和人民“各安其分”的义务。这一点与美国和英国完全不同。所以，我们在研究日本时，经常都会把它最基本的要点忽略掉。日本上层政府的强力统治，使他们根本不需要对公众舆论表示服从。日本政府掌握在等级制中的上层人物手中，在这些上层人物中，并不包括由选举产生的人物。在这个阶层中，普通民众没有任何发言权。1940年，组成日本政府最高决策层的，都是那些随时能够见到天皇的重臣、天皇身边的顾问，以及由天皇任命的官员，包括阁僚、府县知事、法官、各局长官以及其他高官。由选举产生出来的官员，无法抵达等级制中的高层地位。被选举出来的议员，对于在任命内阁成员等方面，更谈不上有什么发言权。普选产生的众议院代表国民的意见，虽然他们具有质疑或者批评政府高官的特权，但是在官员任命、决策和预算等方面，却没有丝毫发言权。贵族院不经过选举产生，众议院由贵族院制约。在贵族院议员中，贵族大约占了半数，还有1/4是由天皇推荐的。在对法律的批准权方面，贵族院和众议院是一样的。这也是一种来自等级制的控制。

于是，日本政府中的高级职位，都被政府中的“阁下”们所掌握。但是，这并不意味着日本人在“各安其分”的体制下，没有任何自治权。所有亚洲国家中，不管它们属于哪种政治体制，政府上面的权力总是会向下伸展，最后与民众手中掌握的自治权进行对接。不同国家之间的差异表现为：各个国家的民主范围达到了什么程度？它们各自负有什么样的责任？地方官员是否能够对整个地区负责任？它们会不会被地方势力所垄断，并损害公众的利益？在德川时代，日本和中国一样，政府把每五户人家到十户人家编为一组，后来被称为“邻组”，这是在居民中组织的最小的责任单位。

“邻组”的组长，对组内的事情具有领导权，他要保证自己组内的每名成员行为端正，凡是遇到可疑的情况他必须向地方政府报告，一旦发现了逃犯他必须交给政府，等等。最初，明治时期的政治家们废除了这套制度，但这套制度后来又被恢复了，并被称为“邻组”。市镇地方政府积极培植“邻组”。当然，在今天的日本农村，“邻组”已经起不到什么作用了。除了“邻组”，更重要的地方责任单位还有“部落”。日本人既没有废除部落，也并没有把部落作为行政单位编入政府体系。国家的权力还没有涉及部落之中。部落通常由十五户左右的人家组成。直到今天，日本仍然有部落，每个部落每年都要更换部落长，部落长仍然具有对部落的组织和管理功能。部落长要负责：管理部落内部的财产；当部落中有某个家庭的成员去世，或者某个家庭遇到了火灾，部落长要监督部落对这些家庭给予援助；负责安排耕作、盖房、修路等公共事业；遇到火灾时要负责振铃报信；在休息日里要敲钟击梆，通告全体部落人。日本的部落长和其他亚洲国家的不一样，他们并不负责在部落内为国家征收赋税。他们的地位也不会给他们带来什么矛盾。部落长的职权只在民主责任的范围内才起作用。

在近代社会中，日本的行政机构正式承认了市、町、村这样的地方行政。公选出来的“长者”们会共同推举一位领导者，这位领导者要代表他所在的地区，与那些代表国家中央政府或府县公署的人交涉、办事。在农村，这位领导者通常由一位老居民，或者由一位拥有土地的农民家族中的成员来担任。日本农民当了村长后，在经济上会受到一些损失，但是他们的权势很大。他们可以和长者一起共同管理村子里的事务，如财政、公共卫生、学校、家庭财产登记，以及了解村子里每个人的情况。村公所是一个繁忙的地方，它要负责管理国家拨放的小学教育补助费，征集由村民们负担、数额却远远多于国家补助费的教育经费，监督教育经费的开支，对村民共有财产及财产租赁的管理，进行土壤改良、植树造林，对所有的财产买卖进行登记，村民的财产买卖只有在村公所正式登记以后才合法。村公所还要求村里的居民及时登记家庭地址、婚姻关系、子女的出生、过继和收养、有无犯罪前科等等。村公所还要求每户家庭都要保管好同样的材料，无论在什么地方，这些材料都可以被提供给当事人的原籍村公所，并记入当事人的册籍。申请就业和接受审判时，或者因为其他事情需要证明身份时，当事人必须给自己的原籍市、町、村公所写信，或者自己亲自回去一趟，拿一份能证明本人材料的副本，交给有关方面。所以，一般来说，日本人不会轻易冒险给自己或家庭留下不好的记录。

因此，在公共事务中，市、町、村发挥着巨大的作用。在19世纪20年代初，日本国内出现了一个全国性的政党。在其他任何国家，这将意味着“执政党”和“在野党”的交替。但是在日本，地方行政机构却没有受到任何影响，一切事务仍然由“长者”领导、管理。不过，日本的地方行政机构在三个方面没有自治权，即：一切法官要由国家任命，警官和教员也必须由国家录用。日本人的民事诉讼一直都是通过调停或仲裁解决的，所以，日本法院在地方行政中几乎起不到什么作用。似乎只有警官稍微重要一些，每当有临时性的集会，为了维持现场秩序，警官们都必须到场。但这种任务并不常有。在大多数时间里，警官都在记录相关居民的身份，为他们的财产进行登记。日本警官经常被从一个地方调到另外一个地方，这是为了使他们保持局外人的地位，避免他们在某个地方待的时间太长，与居民发生紧密的关系。学校里面的教员也经常面临调动。国家对学校有严格的规定。和法国一样，日本的每个学校在同一天里都要使用同样的教科书，上同样的课，每个学校每天早晨都要在同一时间，在同样的广播伴奏下，做同样的早操。市、町、村对学校、警察和法院，不行使自治权。

这些日本政府机构，与美国的政府机构完全不同。在美国的政府机构中，在大选中被选举出来的人拥有最高的行政权、立法权，对地方的管理则是由地方警察和法院来执行。但是，日本的政府机构在形式上，却又与荷兰、比利时等西欧国家的政府机构很类似。例如，荷兰和日本一样，女王的内阁负责起草一切法律，法律并不是由国会来制定的，法律还规定，地方官员的任命一般也是由女王负责的。所以，在形式上，荷兰女王拥有广泛的权力，能直接处理地方事务，这一点，远远超过了1940年以前的日本。在任命官员时，虽然地方的提名总是会被女王认可，但官员必须由女王任命这却是事实。日本警察和日本法院直接对君主负责，荷兰也是一样的。不同的是，在荷兰，任何宗派团体都可以自由创办学校，日本的学校制度却几乎全部都是抄袭法国的。在荷兰，开凿运河、围海造田，以及地方上的开发工程，一般都是由地方自治的，并不是政府选举产生的市长或官员的任务。

日本政府机构和西欧各国的差异，并不在于形式，而在于它们的职能。在长期沿袭下来的古老的文化习俗中，日本人性情中养成的谦恭，是以道德体系和礼仪规范来体现的。明治政府中的“阁下”们，只要他们身在其位，守职负责，在这个等级制的社会中，他们的特权就能得到尊重与保护。要知道，这并非取决于他们的政策是否受民众拥护，而是因为在日本，任何试图破坏等级制的行为都是一种错误。在政府的最高决策层，“人民的舆论”并没有地位，政府只需要“国民支持”。

即使政府行使的权限超越了自己的职能范围，并干涉了地方事务，政府的裁决也一样会受到尊重。在美国人的眼中，如果政府机构对什么事都要管，都要过问，势必是一种混乱；但是日本人不这样认为，在他们看来，这样的政府才是完善的。

除此之外，日本政府对承认日本民众的“适得其所”也极为重视。哪怕只是为了维护国民自身的利益，日本政府也仍然会在合法的公众舆论领域内，努力说服民众同意他们的决策。例如：在对旧式农耕技术进行改良时，负责振兴农业的官员和美国爱达荷州的同行们一样，很少会使用权力对先进的农耕技术进行硬性推广。为了鼓励建立由国家担保的农民信用合作社和农民供销合作社，政府官员总是会多次和地方名流进行交谈，聆听他们的意见，然后再做出决定。地方事务必须由地方行政机构解决。

在日本社会中，每个人都会被给予适当的权力，并规定了这些权力的行使范围。和西方文化相比较，日本人更尊重“上级”，对“上级”的尊重也给予了他们较大的行动自由。但是，“上级”必须严格遵守自己的本分。日本人有这样一句格言：“万物各得其所，各安其分。”

明治时期的政治家们在宗教领域内制定的制度，比他们在政治领域中制定的制度更加离奇。但不管怎么样，他们仍然会对日本传统文化中的那些格言予以实现。国家把宗教置于自己的管辖之下，并将它作为民族统一和民族优越性的一种象征，至于其他的宗教信仰，则听凭个人的自由。这种被置于国家管辖之下的宗教，就是神道。神道被日本民族视为自己的象征，并给予了它特别的尊重，就如同美国人对星条旗的尊敬一样。因此，日本人并不认为“国家神道教”是一种宗教。日本政府要求全体日本民众信奉“国家神道”，同时，并不认为这样有违西方人关于宗教信仰的原则。就如同美国政府要求人们对星条旗行礼一样，日本政府认为让全体国民信仰“国家神道”也只不过是忠诚的一种象征。因为不把它视为宗教，所以，日本人可以在学校里教授“神道”，但并不会受到西方社会的责难。在学校中，“国家神道”又演变成了神代以来的日本历史，以及对日本天皇的崇拜。日本政府对“国家神道“进行支持和管理，但是对于其他宗教，如佛教、基督教，甚至包括其他教派的神道，都听凭老百姓个人意愿。在日本，国家神道和其他宗教分别属于不同的领域，不论是行政还是财政，它们都是分开的。国家神道受日本内务省神祇局的管理，它的一切费用都由国库支出；其他宗教各派则由文部省宗教局管理，经费由教徒自愿捐赠。

正因为日本政府在这个问题上的立场，所以，国家神道不能够被说成是“国教会”，只能说它是一个庞大的政府机关。国家神道一共拥有十一万多座神社，遍布全国各地。在这些神社中，既有祭祀天照大神的伊势大神宫，也有只有在祭祀时才会进行清扫的地方小神社。神官系统内部的等级制与政府系统内部的等级制是并列的，从地位最低的神官，到各个郡、市、府、县的神官，到地位最高的、被称为“阁下”的神祇官。这些神官名义上是领导日本民众进行祭祀的，实际上是替民众举行仪式。国家神道并不同于美国人日常去教堂里面做礼拜，因为日本人并不把它当宗教，日本法律也禁止国家神道的神官宣讲教义，因而就更不可能具有西方人了解的那种礼拜仪式。在祭祀的时候，日本各个町、村的代表会去参拜神社，参拜时，他们会站在神官面前。神官举起一根扎着麻绳和纸条的“币帛”，在他们头顶上来回舞动，为他们驱邪祛鬼。然后，神官打开神龛的内门，放开嗓子尖声呼叫，召唤众神前来享用供品。神官祈祷时，参拜的人要按各自的身份排列，并且要毕恭毕敬地供上小树枝。从古自今，这些供神的小树枝都被视为圣物。树枝上还会垂着几张细长的纸条。最后，神官再次高声喊叫，把众神送回神龛，再关上神龛的内门。在国家神道的祭祀日里，天皇要亲自为国民致祭，政府每个部门都要放假。这种日子也被称为“祭把日”，它和地方神社的“祭招日”、佛教的“祭把日”不同，因为其他宗教的“祭把日”“祭招日”都属于“自由”领域，都不在国家神道的范围之内。

在其他宗教中，日本人可以选择符合自己心意的教派活动和祭祀活动。日本的佛教很活跃，很多日本国民都信仰佛教。每个宗派都有不同的教义和自己的创始人。神道也一样。除了国家神道，还有其他不同的神道教派。有的教派重在对教徒进行“精神治疗”，有的教派信奉儒家的行为规范，还有的教派专门从事“神灵显圣”和参拜圣山神社之类的活动。很多日本老百姓参加的祭把神都不属于国家神道。在祭把神里，老百姓涌入神社殿，漱口驱邪、拽绳、打铃、击掌，送神灵。然后，他们离开神社殿，开始一天的主要活动，例如在神社的院子里的小摊上，购买各种玩物；看相扑、祓术；观看有小丑插科打浑、逗笑的神乐舞，等等。有一位曾经在日本居住过的英国人说，每到日本的祭拜节，他就会情不自禁想起威廉·布莱克的一节诗：

如果教堂赐给我们几杯啤酒，
以及那温暖我们灵魂的欢乐之火。
我们将会终日唱诗祈祷，

绝不会想要离经叛教。

除了少数专门献身宗教的人，大多数日本人对待宗教的态度并不十分严肃。日本人还把朝山拜庙当成是愉快的休假。

国家政治的职能，以及国家神道在宗教中的职能，就是这样被明治时期的政治家制定出来的。至于其他领域中的管理，他们则交予日本人民。作为这个新的等级制社会中的最高级别的官员，他们只对与国家直接有关的事加以控制。他们还在创建日本的陆海军时遇到了同样的问题。和其他领域一样，日本人也在军队中废除了旧的等级制，而且废除得极为彻底。军队把日语中要使用的敬语也废除了。军人的晋升不再由家庭出身来决定，而是凭个人能力。因此，军队在日本人心中的威望很高，这是当之无愧的，从而也赢得了民众的支持。军队中的排、连等，大多数都是由来自同一个地区的人组成的。和平时期，士兵们都会在距离各自家乡较近的地区服兵役，因此，士兵不但能与地方保持联系，而且在两年的兵役生涯中，军官与士兵、老兵与新兵的关系，彻底取代了武士与农民、财主与穷人的关系。在许多方面，军队还推进了民主，成为真正的人民的军队。在其他很多国家中，军队被当作政府机器，被当作维持国家现状的武装力量；但日本似乎不一样，日本军队同情小农阶级，因为这种同情，军队甚至一度向大金融资本家和企业家发出抗议。

日本政治家并不一定赞成拥有这样的一支军队。他们认为在这种情况下，不一定能够保证军队在国家等级制中的最高地位。于是，政治家们在军队的高层中采取了措施。虽然这些措施没有写入宪法，但是军部首脑对政府保持独立性却得到了公认，并被作为惯例保留了下来。例如：日本陆海军大臣与外务省及内政各省大臣不同，他们有权直接谒见天皇，还能够以天皇的名义强制推行他们的政策，且无须向文官内阁成员进行通报或协商。对于自己不信任的内阁，他们可以阻止其成立，阻止的方式是他们只需要拒绝委派陆海军将领进入内阁就可以了。如果没有高级现役军官担任陆海军大臣，就无法组成内阁，因为陆海军大臣的职务不能由文官或者退役军官担任。同样道理，军部如果对内阁的任何行动不满，只需要召回他们在内阁中的代表就可以迫使内阁解体。在最高决策层内，军部首脑不容许任何人进行干涉。日本宪法中还有这样一条规定：如果帝国议会否决了政府提出的预算草案，政府就会自动执行前一年度的财务预算。所以，虽然外务省一再做出保证，最后日本关东军仍然强行占领了满州，这是日本军部首脑趁内阁意见不统一，在还没有决策时，出兵支持当地司令官的一个典型例子。军部和其他领域一样，只要有关等级制的特权，日本人就会接受一切后果。他们接受并不代表他们同意，而是由于他们不赞成在等级制和特权问题上逾越界限。

日本在工业发展方面也走了一条和任何西方国家都不同的道路。这也是在政府“阁下”们的安排、制定下逐渐实施的。“阁下”们不但为工业发展制定了计划，还让政府创办，并以财政补助的方式支持他们认为需要的企业。这些企业都由政府官僚组织管理。他们聘请国外的技术专家，派人出国学习。就如同他们所说，在这些企业“组织完备，业务发达”时，政府就把它们卖给私人公司。它们被以低廉的价格，卖给金融界的巨子，如以三井、三菱为中心的大财阀。在日本政治家看来，工业发展事关日本民族的生死存亡，因此他们并不信任市场上的供求法则以及自由企业。但是，这一理念又并非来自社会主义。真正获利的是那些收购了这些企业的大财团。日本只是想通过最小的失败率和资源耗费来建立自己最需要的企业。

利用这些方法，日本政府对“资本主义生产阶段的出发点和正常秩序”做了“修改”。它不再是从生产消费品和轻工业起步，而是从一开始就创办重工业。兵工厂、造船厂、炼钢厂、铁路建设等，被赋予了优先权，并在技术上迅速达到了很高的水平，效率也得到飞速提升。当然，日本政府并没有把这些企业全部转让给民间的大财阀，政府仍然掌控着庞大的军事企业。

政府还要对这些军事企业提供财政补助。

在日本政府给予了优先权的产业领域，小工商业生产者和非官僚经营者并没有自己的地位。在这个领域内活动的，只是那些属于国家，或者受国家政府信任并享有特权的大财阀。不过，和日本社会生活中的其他领域一样，产业界内也存在着自由领域，那就是用最少的资本、最大限度地利用廉价劳动力来经营的各种“剩余”产业。在轻工业领域内，即使缺乏现代技术也一样能够生存。今天，这样的企业仍然存在。美国人把这样的企业称为“家庭血汗工厂”。例如：一位小本经营的制造商先买回原料，然后贷给一个家庭工厂或者只有四、五个人的小工厂进行加工，再回收产品再贷出，再回收，如此反复，最后把产品卖给商人或者进口商。20世纪30年代，在日本工业雇佣的人员中，大约有53%都是在这种人数不超过五人的小工厂或家庭工厂中劳动。在这种如同古老的学徒式的工厂操作模式中，大多数人都受到了家长式的庇护。在大城市中的一些家庭里，有时还能看到一些母亲背着婴儿在干计件活儿。

工业的双重性和政治、宗教领域内的双重性一样，都在日本人的生活方式中具有重大意义。就如同当日本政治家需要有一个可以与其他领域中的等级制匹敌的金融贵族制时，他们就会创办出一批具有战略性的企业，并挑选一批在政治上享有特权的商人家族，并让这些商人家族与其他等级建立联系，然后获得“适当的地位”。政治家们从来没有想过要削弱政府与这些在政府保护政策下获利的商人们的联系，他们不仅给这些商人以利润，还给予他们优越的地位。根据日本人对待金钱和利润的传统态度，这些金融贵族也会受到日本民众的攻击，不过，日本政府会尽量按公认的等级制观念来扶持他们。当然，政府的努力并没有彻底成功，因为财阀们不断受到来自军部少壮派军官和农民的攻击。事实的真相是：日本社会舆论的矛斗并不是指向财阀，而是一夜暴富的大户。日本人把一夜暴富称为“成金”。在英语里，“成金”通常被翻译成“暴发户”（nouveau riche），但是，这个词并没有准确表达日本人的感情。对美国人来说，nouveau riche 的含义应该是“新来者”（new comers）的意思。这些“新来者”之所以受人嘲笑，是因为他们不善交际，没有修养。但是，他们的缺点却被他们拥有的财富抵消了。他们白手起家，成为资产庞大的商界巨子。在日本语中，“成金”这个词来自“将棋”，意思是一个步卒突然变成女王，在棋盘上，它像“名士”一样横冲直撞，神气十足，但是在等级制上，它却没有任何权利。日本人通常都认为“成金”是靠诈骗、剥削得来的，所以，很多日本民众都对“成金”者指责不休，这与美国人对待“白手起家”者的态度，真是南辕北辙。日本政府在等级制中，给予了富人们相应的地位，并和他们建立了联盟。如果他们的财富在这个等级制的社会中得不到承认的话，就会受到日本公共舆论的猛烈攻击。

总之，日本人在构筑世界秩序时，一定会考虑到等级制。在日本人的家庭和人际关系中，年龄、辈分、性别、阶级，都决定了每个成员的行为方式。等级制在政治、宗教、军队、产业等领域，也有非常严格的划分，无论上层还是下层，只要逾越了特权的范围，就会受到惩罚。所以，只要“各得其所，各安其分”这一规范能得到维持，日本人就会毫无怨言地生活下去，并会感到安全。这种“安全”来自于他们把等级制视为一种合法的体制。与信赖平等和自由是美国人的生活方式一样，日本人的人生观和生活方式也在等级制上体现出来。但是，如果日本人要把他们的这些理念强加给别人，他们就会受到惩罚。

等级制适合于日本民众的思想，因为日本民众的思想正是由等级制培育出来的。但是，日本人不能把等级制强加于其他民族和其他国家。日本人那些大言不惭的主张，在别国的眼里，实在恶劣而狂妄，并使其他民族对此愤慨万分。当日军在其占领国发现自己并不受欢迎时，他们非常惊讶，他们心想，难道日本没有给予他们地位吗？虽然这个地位很低，但总是等级制中的地位。对低层的人来说，等级制难道不理想吗？日本军部还拍摄了一些描写中国人热爱日本的战争影片，在影片中，沦落风尘、痛苦绝望的中国姑娘和日本士兵相爱，找到了自己的幸福。日本人的宣传，与纳粹德国的征服论相比，存在着很大的距离，但也仍然没有成功。日本人不能把自己的标准强加给其他国家。日本人以为自己可以，所以他们错了。日本人没有意识到，他们自己能够心甘情愿接受并满足的“各安其分”的道德观，并不能让其他国家接受，因为其他国家没有这样的道德观。这种道德观和等级制，只是日本人的产品，只属于日本。日本作家们把这种伦理体系视为理所当然，我们如果要了解日本人，就必须先了解他们的伦理体系。

第五章　历史和社会的负恩者

在英语里，美国人经常说自己是“heirs of the ages”（历史继承者）。两次世界大战和大萧条使美国人说这句话的底气显得有些不足，但这种变化并没有让美国人感觉自己对过去怀有“亏欠”。东方民族的观点和美国人不一样，他们时常认为自己对历史有所“亏欠”。在东方人崇拜祖先的行为中，很多都并非在对祖先表示真正的崇拜，仅仅是一种仪式，表示人们承认自己对过去欠有恩情，他们亏欠的不仅是过去，也有现在。每天与人接触，亏欠的恩情日益增加。东方人的诸多日常行为都出于这种报恩心理，这是东方社会文化习俗的根本出发点。但是，西方人对这点并不重视，对西方人来说，社会给予了他们一种很好的生活方式，从降临人世开始，就给予了他们很好的照顾和教育。所以，日本人认为美国人的动机不纯正，任何一个品德高尚的日本人都不像美国人那样，对亏欠别人的恩情只字不提。日本人不轻视过去，在他们心中，“义”就是在一张由恩情连结的巨大人际关系网络中，确认自己的位置，既包括他与祖先，也包括他与自己同龄人之间的关系。

东西方文化和社会习俗的差异说起来简单，但要真正了解它们在实际生活中制造的后果却非常困难。我们必须了解这种差异在日本的情况，不然，就难以理解日本人在战争中表现出来的极端自我牺牲精神，也很难了解他们极端易怒的性格特征。亏欠别人的恩情总是容易使他们“动怒”，这也使日本人对“报恩”承担着巨大的责任。

中文和日文中都有不少词语用来表达英文obligation（义务）这个词。它们并非同义词或近义词，其特殊含义也很难用英文翻译，因为它们表达的观念对美国人来说是陌生的。日文中有类似obligation这样的词，表示一个人承担的债务或恩情，视具体用法可以分别被翻译成相关的英文，如obligation（义务）、loyalty（忠诚）、kindness（关切）、love（爱），等等。

但是，这些词不能精确表达原词的含义，而且多少歪曲了原意。如果“恩”的确切含义可以用“爱”或“义务”来表达，那么，日本人可以说“受孩子之恩”，但事实上，这种用法在日本不可能存在。“恩”也不意味着忠诚。在日文中，忠诚是用其他词来表示的，这些词也并非“恩”的同义词或近义词。日文中，“恩”有许多用法，其中有一个意思是通用的，即一个人承受的负担、债务和重负。日本人接受长辈、上级的“恩”。如果不是从长辈、上级，或者同辈那里接受“恩”，很可能会有一种不愉快的自卑感。日本人说“我受某人之恩”时，意思是“我对某人负有义务”，日本人会把债主、施恩的人视为“恩人”。

日本人“记恩”也是真情的流露。在日本小学二年级教科书中，有一则“不忘恩情”的小故事：

哈齐是一条可爱的小狗，出生后不久就被一个陌生人带走了。在陌生人家里，哈齐被当作小孩一样宠爱。慢慢地，哈齐长大了，越来越强壮。主人每天清晨上班，它总会陪主人走到车站；主人每天傍晚下班回家，它总会去车站接主人。没多久，主人去世了，然而哈齐不明白这一点，每天照样去车站。每当车到站后，它就会在人群中寻找主人。就这样，一年、两年、三年……十年，哈齐慢慢变成一条老狗，可它仍然天天都在相同的车站，执着地寻找并等待主人（日本普通小学校修身课本第二册，昭和十年十二月发行）。

这则故事告诉孩子们：爱就是忠诚，忠诚就是爱。孝顺的儿子可以说自己不忘母恩，也就是说，孝顺的儿子对母亲始终怀着像哈齐对主人一样的忠诚。此时，“恩”这个词并不单纯指儿子对母亲的爱，也包括儿子对母亲亏欠的一切，包括在婴儿时期母亲对他的哺育和照顾；在孩提时期，母亲对他的教育和做出的牺牲；成年以后，母亲为他做的一切；等等。

“恩”也意味着儿子对所欠恩情的回报，此时，“恩”含有“爱”的意思。但是在日文中，“恩”的基本意思是“负债”。美国人认为爱不受义务的约束，爱是自由给予的。

“恩”被用于“皇恩”时，就以“忠诚”为基础。“皇恩”是天皇的恩情，对此，每个人都要以感激之情来接受。他们认为生在日本是一件幸运的事，这个国家百姓安居乐业、万事称心，一切都是天皇所赐。在日本民族的历史上，每个日本人一生最大的“恩主”就是生活圈子中的领导者。这个人物随时代的不同而不同，随时代的变化而变化，例如，他可能是封建领主，也可能是将军，是天皇。但最重要的并非谁是自己的直接领导者，而是数百年来，根植于日本人生活中的“不忘恩情”的习性。在近代社会，日本人用一切手段使这种“恩情”集于天皇一身。他们偏爱自己的生活方式，这又增加了他们对“皇恩”的感情。在战争中，以天皇的名义向前线部队发放的每支香烟，都强调士兵们领受的“皇恩”。出征前，士兵们喝的每口酒，也是来自“皇恩”。“神风”队员自杀式的进攻，是在报答“皇恩”。为了守卫太平洋上的岛屿，日军战斗到最后，直到全军覆没，更是在报答浩荡皇恩。

当然，人们也会从身份比天皇低的人那里受恩。子女受父母之恩，父母有权支配子女，这是东方人孝道的基础。其说法就是：子女亏欠父母恩情，要努力偿还给父母。子女必须服从父母，而不是像德国人那样（德国也是一个父母对子女拥有绝对权力的国家），家长要迫使子女服从。日本人对这种东方式孝道的解释，非常具有现实主义。日本人有句谚语：“养儿方知父母恩！”表达了子女对父母的恩情，即父母每天照顾儿女，为儿女操心，双亲的恩情是实实在在的。

日本人的祖先崇拜只限于对父辈和记忆中的祖辈。日本人非常重视在幼年时期照顾过自己的人。不管在哪种文化体系中，每个人幼年都离不开双亲的照顾，衣、食、住、行都必须由父母提供，直到长大成人。在日本人看来，美国人恰恰轻视并忽略了这一点。正如一位日本作家所说：“美国人认为牢记父母之恩就是要对父母好，仅此而已。”当然，没有哪个父母想到要让子女对自己报恩，他们悉心照顾孩子，大概也仅仅是对自己在孩提时代曾受父母之恩的一种回报吧。每个人都会像父母照顾自己那样，细心照顾自己的孩子，甚至比父母当年照顾自己还要好。这在某种程度上也是对父母之恩的报答，所以，父母对子女的“义务”，只是从属于“父母之恩”而已。

日本人对老师、主人也要“报恩”，因为他们是在生命中帮助自己成长的人。他们曾经对自己有恩，在他们有困难的时候就会答应他们的请求；对他们身后的亲属也会给予特别关照。日本人会全力以赴履行“报恩”的义务，并不会随时间的推移而减轻。相反，时间越久，恩情越重，就犹如利息一样。受人之恩是一件大事，就像日本人所说：“难以报恩于万一”。“报恩”是一种重负，“恩情的力量”通常超过了受恩者的个人意愿。

这套“报恩”的伦理体系能够在日本社会顺利实施，在于每个日本人都把自己看作是“负恩”的人，他们认为自己对恩情有所亏欠，才能自觉履行义务而无怨言。我们在前面对日本等级制有所了解。西方人很难想象日本人如何遵循等级制的习俗，高度重视道德上的“报恩”。如果把群体或者组织中的领导者看作善人，这种“报恩”很容易做到的。日语中有一个很有意思的词，日本人用这个词证明“上级”对“下属”的“爱”。日语中的“爱”相当于英文中的love。19世纪，传教士对基督教中的love一词进行翻译时，认为日语里唯一能表达love含义的，仍然是“爱”这个词。因此，他们翻译《圣经》时，用这个词表达上帝对人类的爱，以及人类对上帝的爱。但是在日文中，“爱”特指上级对下属的“爱”。西方人可能觉得这种“爱”有“护短”“庇护”（paternalism）之意，可是在日语里，它的意思不仅是“庇护”，还包含一种亲爱之情。在现代社会，日语“爱”这个词仍然用于上级对下属的“爱”，但可能受基督教用语的影响，还含有官方努力打破等级界限的意思。如今，这个词也在同辈之间使用。

虽然日本人的“报恩”思想主要源于文化的特殊性，但在日本，不乐于受恩是一件非常平常的事。日本人不喜欢随便受恩，他们不想背上人情债。他们也会“使人受恩”，用英文翻译大概就是imposing upon another。不过，对美国人来说，imposing含有强求别人的意思。在日本，“使人受恩”仅表示给予别人一些东西，或者给别人帮忙而已。日本人认为突然接受陌生人的恩惠让人讨厌，从外交和旧的社会等级制关系中获得的经验使他们知道，有时候受“恩”也是件麻烦事儿。如果给予他们恩惠的是熟人，或者是一个与自己接近的同辈，他们会感到不高兴。他们更愿意避免“恩”带来的麻烦。日本人一般不太爱管闲事儿，对街上的事故不予理睬，这不是因为他们缺少主动性，而是他们认为：除了警察，任何人如果随便插手，就可能让对方背上恩情。在明治维新以前，有一条很有名的法令：“遇到争端，无关者不得干预。”此时，如果不是因为明确的职责才出面援助的话，就会让人质疑是不是想从中捞点好处。所以，日本人知道帮助别人会让当事人感恩戴德，所以都不会积极插手管别人的闲事，对“闲事”反而慎重对待。日本人对卷入“恩情”之中的事极其小心，哪怕只是一支烟，如果递烟的人和他没有什么交往，他也会感到不舒服。这时，向对方表示感谢最礼貌的说法就是：“真过意不去（日语“気の毒”，原意是为难的感情、难受之情）。”曾经有一名日本人对我解释，说：“遇到这种情况，最好直接向对方表示你感到为难。因为你并没有想到要为对方做什么事情，你对接受恩惠感到不安。所以你要说‘真过意不去’。”日语“気の毒”（真过意不去）有时被翻译成英文Thank you（谢谢，谢谢您的烟），有时也被翻译成I am sorry（很抱歉，很遗憾），有时还被翻译成I feel like a heel（蒙您看得起，实在不好意思），等等。虽然这些英文句子多少能表达日文含意，但又并不非常准确。

日语里有很多类似Thank you的词，表达日本人受恩时的不安心情。这些词中含义最明确的是ありがとう（谢谢），日本各城市百货公司的服务员都使用这个词，它的本意是“太难得了”，翻译成英文就是Oh，this difficult thing。因为顾客上门购物，给商店带来了巨大而难得的“恩惠”，所以要说这个词。这也是一种恭维之辞。接受别人的礼物时，或者在其他一些场合中，也可以使用它。日文中还有其他一些表示感谢的词句，含意和“気の毒”（真过意不去）一样，也是表示接受恩惠时的为难心情。在小商店，店主们经常说すみません，意思是“这怎么得了呢？”即：我接受了您的恩情，但是在我现在的经济条件下，我永远无法偿还，感到非常遗憾。在英语中，它被翻译成Thank you（谢谢）、I'm grateful（十分感激）、I'm sorry（对不起）、I apologize（很抱歉），等等。例如：在街上，突然刮一阵风，吹走了你的帽子，别人替你把帽子拣了回来，你就适合说这句话。当对方把帽子给你时，作为礼节，你接过帽子后要表示自己内心不安，就说すみません（这如何得了），此时，你表达的意思是：这个陌生人施恩于我，我却无以报答，深感内疚。我只有道歉，也许才能好受一些。在日文的谢语中，すみません是一种非常普通的说法，说这句话就是承认：“我受了他的恩惠，但是接过帽子并不能使这种恩惠结束，可我又没有办法报答，因为我和他只是萍水相逢。”

日语中还有一个用来表示“负恩”的语气更强烈的词たじけない（诚惶诚恐），还可以被写成“辱ない”“忝ない”，这个词既含有“受辱”的意思，也含有“感激”的意思。日语辞典对这个词的解释是：受到了特别的恩惠，感到羞愧和耻辱，因为不配接受如此之恩。所以，这个词被用来明确表示受恩时的羞愧感。日本人对羞愧（羞耻）很敏感，这会在下一章讲到。从前，日本的商店店员向顾客道谢时，会使用たじけない（诚惶诚恐）这个词，顾客要求赊账时，也会说たじけない。明治时期以前的日本小说中，这个词经常出现。身份地位很低的小姑娘一旦被领主看中，也要向领主说たじけない（诚惶诚恐），意思就是：“我十分羞愧，配不上您的恩宠，对您的仁慈我受宠若惊。”同样，那些因为决斗而被当局赦免无罪的武士，也要说たじけない，意思

是:“我蒙受了如此大恩，简直没脸见人。我不应该这样自作自践，我非常后悔并向您表示深切的谢意。”

这些说法都证明“恩”在日本文化中的力量。日本人受恩时，经常会产生一种矛盾情绪。在公认的社会人际关系中，这种“报恩”心理总是促使每个日本人竭尽全力报答他人恩惠。但在另一方面，欠恩者的心里也很难受，也容易产生反感。日本著名作家夏目漱石在他的名著《哥儿》中，对这种“反感”心理进行了细致描绘。小说主人公的童年是在东京度过的。他在一个小镇上当教员，很快就觉得自己的同事是平庸之辈，与他们都合不来。但是，他和其中一位年轻教师的关系不错。有一次，他俩又在一起，那位被他戏称为“豪猪”的朋友请他喝了一杯一钱五厘的冰水，大约相当于零点二美分。

不久，一位教师在他面前挑拨说“豪猪”在背后讲他的坏话。于是，他相信了搬弄是非的人，并马上想到“豪猪”买给他的冰水。

> 虽然只是一杯冰水，但他是表里不一的人，接受他的恩情有损我的面子。他只是花了一钱五厘，但不管是一分钱，还是五厘钱，我接受他的恩情，死了也心中不安。……我接受他的恩惠后默不作声表示我尊重他，看得起他的人品。我喝的冰水本来可以自己付钱，但是他抢着付钱，让我心里总感愧疚，这是用钱也买不到的。我虽然无权无势，但我有独立的人格。虽然我让“豪猪”破费了一钱五厘，可是我认为自己对他的回敬却值一百万元。

第二天，他把一钱五厘生气地扔到“豪猪”的桌上。因为他认为，如果不把一杯冰水的恩情算清楚，就没法处理“豪猪”在背后说他坏话这件事。也许他们会打架，但不管怎样，也要先把恩情了结，因为了结后，就不再有朋友之间的恩情。

像日本人这样对鸡毛蒜皮的小事都过敏，并容易被刺伤，在美国大概也只在那些青少年犯罪记录或精神病患者病历中才能看到。不过在日本，这却被当成美德。可能像这位日本教师这样的极端举动，在日本人中也并不多吧。后来，日本评论家评论这个人物时，说他是“一个性情耿直、单纯得像水晶一样，为了正义而不惜战斗到底的人”。实际上，这位教师其实就是作者自己的化身，这也是评论家公认的看法。在小说里，作者还描绘了一种崇高的美德，即接受别人恩惠的人，应该把自己的“感恩”看成具有“百万元”的价值。只有这样想，这样行动，才能够摆脱“负债”的处境。他只能接受自己“看得起的人”的恩情。在文章中，愤怒的教师把来自“豪猪”的恩情与自己多年受老奶妈照顾的恩情做了对比。那位老奶妈曾经对他非常宠爱，总认为他家里没人看重他，所以，时常私下给他一些糖果、彩色铅笔等礼物。有一次，老奶妈一下就给了他三块钱。“她对我这样关心，让我感到非常内疚。”他想。当老奶妈把三块钱给他时，他感到“耻辱”，但是他仍然把钱当借款收下来。几年过去了，他一直没有把钱还给老奶妈。这是为什么呢?与“豪猪”给予他的恩惠对比，他已经把老奶妈看成自己生命中的一部分了。这个故事能帮助我们了解日本人对恩情的态度以及他们对恩情的反应。也就是说，不管多么复杂的感情，只要“恩人”在自己的等级组织中占某种地位，受恩者都可以感到心安理得。如果不符合这条件，“恩情”就是一种让人难堪的痛苦。这样的“恩情债”不管多么轻微都会让人难过，这才是对待“恩情”的正确态度。

每个日本人都清楚，不管在什么情况下，“恩情”太重都会有麻烦。《东京精神分析》杂志有一个“答询专栏”，类似于美国杂志的

“失恋者信箱”。这本杂志在“答询专栏”里有一个案例。一位上了年纪的男性给“答询专栏”写信征求意见，他在信中说：

我是一个父亲，有三个儿子和一个女儿。十六年前，我的老伴去世了，我为了儿女没有续弦。孩子们也把我的行为当作美德。现在，孩子们都结婚成家了。八年前，儿子结婚，我住到离家有两三条街道的一幢房子里。三年前，我认识了一个夜度娘（被卖到酒吧里当过妓女的人），并与她发生了关系。我同情她的身世，并拿了一小笔钱替她赎身，把她带回家，教她学习礼节礼仪，安排在我家里当佣人。她很节俭，而且有强烈的责任感。但是，我的儿子、儿媳、女儿、女婿都因此看不起我，视我为外人。当然，我不怪他们，因为这是我的错。

她的父母似乎并不知道这事，给我写了一封信，让我把女儿还给他们，说她该嫁了。我和她的父母见了面，说明了情况，她的父母虽然贫穷，但是并不贪图钱财。他们同意让女儿留下来，就当她已经死了。她也愿意守在我的身边，陪着我，直到我去世。可是，我和她的年龄相差太大了，就像父女一样。所以，我曾经也想过要把她送回家。我的儿女们认为她想留在我的身边是看上了我的财产。

多年以来，我一直有病，可能最多只能活一两年了。我应该怎么办呢？我希望能够得到您的指导。最后，我还要补充说明一点，她虽然曾经沦落风尘，但那毕竟是为生活所迫。她的品质是纯洁的，她的父母也不是唯利是图的人。

负责解答这个问题的心理医生认为，这位老人把对子女的恩情看得

太重了。医生说:

你说的是一件常见的事……从你的来信看，你似乎希望能从我这儿获得你想要的答案，这让我有些不愉快。当然，我对你长期的独身生活很同情。但是，你想利用这点让子女们对你感恩戴德，并使自己的行为正当化，我不能同意。我不是说你狡猾，但你确实是一个意志薄弱的人。如果你离不开女人，那么告诉你的子女们，说你必须和女人一起生活，而不应该让孩子们因为你长期独身对你感到亏欠。你总是强调对他们的恩，他们自然会对你反感。总之，人是会有情欲的，你也不能避免情欲。但是，人应该战胜情欲。你的子女希望你战胜情欲，因为他们希望你活得像他们理想中的父亲。但是你让他们失望了。虽然你的子女是自私的，但是我理解他们的心情。他们结了婚，在性欲上得到了满足，却拒绝父亲有这种要求。你是这样想的，但你的子女们有另外的想法（如我前面所说）。这两种想法不一致。

你说那姑娘和她父母都很善良，那也只是你一厢情愿。大家都知道，人的善恶是由环境、条件决定的。你不能因为他们暂时没向你索取好处就说他们“善良”。只有愚昧的父母才会让女儿嫁给一个行将就木的老头当小老婆。

如果他们打算把女儿嫁给你，一定是想从你这里得到好处，你以为不是这样，那只是你的幻想。

你的子女担心他们盘算你的财产，这并不奇怪。我也认为是这样的。姑娘还年轻，可能暂时不会有这种念头，不过她的父母一定会有这念头的。

所以，你现在有两种选择：

第一，做一个“完人”（没有任何私欲，无所不能），彻底和那姑娘一刀两断。不过，你也许做不到，因为你的感情是不会答应的。

第二，重新做一个“凡人”（抛弃一切矫揉造作），粉碎你的子女们在心中把你当理想形象的幻觉。

在财产方面，你应该写一份遗嘱，决定你要分给那姑娘和自己儿女的财产份额。

最后，你不要忘了你已行将就木。这一点我从你的笔迹就可以看出来，你很孩子气，你的想法完全是感情用事。你说你把那姑娘救出深渊，实际你只是想让她代替你的母亲。婴儿没有母亲就不能生存，所以我劝你选择第二条道路。

这个案例告诉我们日本人对“恩”的观念。如果一个人选择让别人（哪怕是自己的子女）感受“重恩”，一旦他想改变这种做法，就必须牺牲自己。这位老人应该明白这一点。不管他为儿女施恩并做出了多大牺牲，日后都不应该以此居功自傲，并利用这种恩惠来“使自己的行为正当化”。一旦他那样想就错了。在这个案例中，子女们的不满意是“自然的”，因为父亲没有始终如一，他们感到自己“被出卖”了。子女需要照顾时，父亲牺牲了一切，他们长大成人，就应该照顾父亲，如果父亲这样想就显然太荒谬了。但是子女们不但不会那样想，反而意识到自己亏欠父亲的恩，并“自然地反对”父亲。

美国人的做法相反。美国人认为：如果父亲为子女牺牲自己，晚年就应该受到子女们的感激，而不会认为子女们反对他是“自然的”。为了能够理解日本人的想法，我们可以把这件事看作是钱财往来。因为美国人对钱财的态度和日本人对恩惠的态度类似。如果父亲把钱借给子女，并要求子女到期后偿还本息，我们就会对那位父亲说："子女们反对你很自然。"从这个意义上，我们就能理解日本人为什么在接受了别人的烟卷后，不直接了当说"谢谢"，而是说"惭愧"。我们也可以理解，日本人为什么在谈到某人向某人施恩时会感到讨厌。我们还会理解为什么夏目漱石小说《哥儿》中的年轻教师会把一杯冰水的恩情看得那么重。但是，美国人不会把事情用金钱来衡量，比如：在冷饮店里偶然请客；子女们幼年丧母，父亲为子女自我牺牲；小狗哈齐对主人的忠诚等。但日本人会这样做。美国人重视爱、关怀、慷慨、仁慈的价值，美国人认为越没有条件越珍贵。但在日本人的观念里，这一切必然有附加条件，接受这类行为就是"欠恩"，正如一句日本谚语说："天赋（非凡）慷慨，始敢受人之恩。"

第六章　永远偿还不完的恩情

“恩”是必须偿还的债务。但在日本，“报恩”和“恩”属于不同的范畴。在美国人的伦理中，它们被混淆在一起，成为中性词汇，例如obligation（义务、恩义）、duty（义务、任务）等。这让日本人感到奇怪，就像我们对一些部落在有关金钱交往的语言中，将“借方”和“贷方”混为一谈一样。日本人一旦接受了“恩”，那就是永久存在的债务；但“报恩”是积极的，他们会刻不容缓地偿还，所以，“报恩”是用另外一系列概念来表达的。欠恩不是美德，报恩是善行。为了报恩不惜献身更是一种美德。

如果把日本人的“报恩”和美国人的金钱交易进行比较，就能发现人们对“不偿还”实施的“惩罚”，美国人对日本人的行为就更容易理解。在财务交往中，美国人要求履行合同，对巧取豪夺的人不会宽容。在美国人看来，只要对银行有债务就必须偿还。借钱的人不仅要还本，还要支付利息。美国人对爱国、爱家庭的观念是另外一回事。对美国人来说，爱是一种感情，不受任何约束，能够自由给予的爱才是高尚的爱。爱国意味着把国家利益看得高于一切。但是，日本人不一样。在日本传统文化中，一个人从呱呱坠地开始就背上了沉重的债务。美国人认为，每个人都应该同情并帮助贫困的双亲，不能殴打妻子，必须教养子女。但美国人对这些并不像对金钱债务那样斤斤计较，也不像做生意那样总期望回报。在日本，这些却被当作债务，犹如美国人对金钱一样。在日本人这一观念背后，存在强大的约束力，就像美国人不得不应付账单和抵押贷款的利息一样。这些观念并不是只在战争时期，或者当父母病危时才被注意到，而是时刻笼罩在日本人的心上。就像美国纽约的农民总担心抵押，华尔街上的金融家总盯着股票行情一样。

有时，人生中的偶然事件可能会对义务的某些细节进行改变，但是义务是自动加在人身上的，超越了一切偶然因素。

日本人必须履行的义务和相对要履行的义务：

恩情：被动发生的义务。“受恩”和“接受恩惠”都是在被动立场上产生的义务。每个人在一生中和各种人接触、打交道时，接受的“恩”。

★注：所有对自己施恩的人都是“恩人”。

■皇恩：天皇的“恩”。

■亲恩：父母双亲的“恩”。

■主恩：主人、主君的“恩”。

■师恩：师长的“恩”。

“恩情”的相应义务：每个人都必须偿还“恩”，“回报”恩人。这种义务是在主动偿还的立场上产生的。

义务：无论如何都要偿还，但是永远也无法还清，而且时间是无限的。

■忠：对天皇、法律和日本国的义务。

■孝：对父母双亲和祖先的义务。

■任务：对工作的义务。

情义：应该根据所接受的利益数量如数偿还的恩情债，并且有时间上的限制。

1.对社会的情义

■对主君的义务；

■对近亲的义务；

■对他人的义务；这是指从某人那里得到“恩”，如接受金钱、对方的好意、工作上的帮助（劳动互助）等。对非近亲的义务，如伯父、伯母、表兄妹、堂兄妹等，并不是指从他们身上得到了什么“恩”，而是指源于共同的祖先的“恩”。

2.对自己的名誉的“情义”，类似于德语中的“名誉”（die Ehre）

■受到侮辱，或者遭到失败后，替自己“洗刷”污名的义务，就是报复或复仇的义务。这种报复并不被看作是一种侵犯。

■不承认自己在某方面（包括专业）的失败和无知。

■遵循一切礼节，谨慎对待自己的身份，在不如意时能够克制自己的感情等。

上面两种“义务”都是无条件的。“义务”都是无条件的。在日本人的观念里，这些道德演变为绝对性的品质，并与中国人对国家的义务与孝道观念产生了差别。从7世纪开始，日本就不断引进中国人的伦理体系，如“忠”“孝”都沿用了汉字。但是，中国人并没有把它们看成无条件的、绝对的。在中国人心中，“忠”和“孝”都有条件的。在“忠”“孝”之上还有“仁”。“仁”通常被翻译成benevolence（慈善、博爱），在它的含义中，包括了对西方人来说所有良好的人际关系。父母必须“仁”，统治者也必须“仁”。统治者如果“不仁”，民众可以起来反对他。“仁”是“忠”的先决条件。天子能施仁政，才配享有帝位。文武百官也一样。在中国人的伦理中，“仁”被作为检验人际关系的试金石。

但是，中国人的“仁”并没有被日本人接受。日本学者朝河贯一谈论日中两国在中世纪时的差异时，说：“这些观点和日本人的观念水火不容，作为学术理论也没有被日本人全盘接受。”“仁”被排斥在日本人的伦理体系外，不再具有它在中国伦理体系中的崇高地位。日本人把“仁”字读成“jin”（书写文字仍沿用中文汉字）。“行仁义”也不再是身居高位的统治者必须具有的道德规范。因为“仁”被彻底排除在日本人的伦理体系外，所以，在日文定义中，“仁”具有“法律范围以外的事情”的含义，例如为慈善事业捐款，赦免犯人等。日本人认为“仁”是分外之事，不是必须要做的事。

“行仁义”也是日本街头地痞流氓的道德标准。在德川时代，杀人越货的人被视为恶棍（武士佩戴双刀，恶棍佩戴单刀）。如果一名恶棍向另一名不属于自己同伙的恶棍求助，后者怕前者出事，也为了避免前者的同伙将来寻衅报复，就把他藏起来，这就是“行仁义”。在现代社会，日本人只有谈到那些应该受到惩罚的不良行为时，才会用“行仁义”这个词。日本报纸上曾经有这样的句子：“下等劳工仍然在行仁义，必须加以严惩。警察要严厉打击‘行仁义’的行为，并要对盛行于各个角落的‘仁义’严加取缔。”因此，在日本，“行仁义”就是指在流氓分子和黑社会中盛行的“强盗的荣誉”。日本现代社会中有一些颇有势力的工头，他们和19世纪末、20世纪初，在美国码头上的意大利工头一样，与不熟练工人订立非法劳动契约，承包工程，从中捞取好处。日本人也把这当作“行仁义”。中国人的“仁”是褒义词，日本人却把“仁义”当作贬义词。（不过，日本人使用“知仁”这个词时，和中国人的用法很相近。在佛教中，“知仁”指“慈悲”。日本辞典里写道：“知仁，与其说是指行为，不如说是指有理想的人。”）日本人把中国人伦理体系中最重要的行为规范做了篡改，并赋予其贬义。日本人的伦理体系中没有可以代替“仁”，对“义务”进行制约的行为规范。日本人把孝道当成必须履行的义务，包括宽恕父母的无德与恶行。当“孝”与对天皇尽忠的义务冲突时，日本人才会废除孝道。不管父母是否值得尊敬，不管自己的幸福是否会被破坏，他们都会奉行孝道。

有一部日本电影的内容是：一位日本母亲经营一家餐馆，餐馆颇具规模，她也比较富裕。她的儿子是乡村学校的老师，已经结婚了。有一年，农村发生灾荒，一对农民夫妇为了挽救家人的性命，想把正在上学的女儿卖到妓院去。老师为救学生，向村里人筹措了一笔钱，帮助女孩儿赎身。但是，母亲却从儿子那里偷走了钱。虽然儿子知道钱是母亲偷的，却必须让自己接受惩罚。他的妻子知道真相后，写下遗书，说丢钱是她的责任，然后抱着襁褓中的孩子投河自尽。这件事传开后，没有任何人谴责母亲。儿子尽了孝道，只身前往北海道去磨练自己，以求在日后面对同类问题时，能更加坚强地接受考验。显然，这位儿子是符合日本道德标准的英雄。作为美国人，我却认为这个悲剧的原因和责任在于偷钱的母亲。但是，我的日本朋友强烈反对我的观点。他说，孝道时常会和其他道德冲突。如果电影里的老师稍聪明一点，或许能找到一个无损于自尊心的解决办法。但是，他如果为此谴责母亲，哪怕只在心里谴责，自尊心也会受到损伤。

年轻人结婚后，就背上沉重的孝道义务，在日本文学作品和现实社会里，这样的例子处处可见。除了极个别的人，日本人的结婚对象通常都是通过媒人挑选的。作为婚姻当事人，男性对自己能否娶到一个好女人并不关注，真正关注的是他的家庭，他的家庭会关心能否挑选一个好儿媳。因为这份婚姻不仅会涉及金钱，媳妇还会被载入家谱，负有生育男孩、传宗接代的责任。媒人会安排一个看似偶然的机会，让年轻男女在各自父母的陪同下见面，但他们不会交谈。有时，父母会替儿子安排一桩与利益相关的婚姻，女方的父母可以通过婚事得到钱财，男方可以通过婚事与名门望族联姻，等等。当然，也有一些男方家庭看中女方的人品。善良的儿子为了报答父母之恩，就要接受婚事，不能违抗父母之命。婚后，儿子对父母报恩的义务仍然持续。如果男方是家中长子，还要继承家业，和父母一起生活。众所周知，婆婆一般不喜欢儿媳妇，会挑儿媳妇的毛病，就算儿子与媳妇的关系很好，婆婆也可以把儿媳妇赶回娘家，并解除婚姻关系。这样的故事在日本小说、自传等书籍中举不胜举。那些故事，通常都描写女人遭受的苦难以及丈夫承受的痛苦。当然，丈夫再舍不得妻子，为了遵守孝道，也必须顺从父母意志，解除婚约。

有一位居住在美国的日本摩登妇女，她在东京时曾经收留过一个被婆婆赶出家门的年轻孕妇。当时，年轻孕妇身患疾病。虽然被婆婆逼着与丈夫诀别，但她并没责怪丈夫，也没责怪婆婆。她把一颗心全部倾注给即将出生的孩子。没想到，孩子刚生下，婆婆就带着儿子要走了孩子。因为孩子是属于婆婆家的，婆婆有权要走孩子。结果，婆婆带走孩子后不久，就把孩子送进了孤儿院。

从这些故事中，我们可以看出日本人对待孝道的方式。子女受父母之恩，子女就必须偿还。在美国，这种事会被看成是个人幸福受到了干涉和侵犯。但是日本人不会把这种“干涉”视为“外来的”，因为在他们的生活中“恩”是最重要的。如同美国人不管要经受什么苦难，也要把欠银行的钱还清一样，日本人也不管会受到怎样的待遇，也要偿还父母的“恩情”。所以，日本文学作品里的这些故事通常都在歌颂他们的品德，称赞他们这样做赢得了自尊，并证明了坚强的意志和忍受磨难的能力。但是，不管这样的磨难有多么崇高，都会在当事人心中留下憎恨和愤怒。曾经有项调查显示，在亚洲地区，缅甸人最痛恨火灾、洪水、盗贼、官吏、坏人，但是日本人最痛恨地震、打雷、家长、父亲。

日本人的孝道和中国人不同，他们的孝道不包括对数百年前的祖先的“孝”，也不包括对旁系亲属长辈的“孝”。日本人祖先崇拜的对象仅限于近祖。日本人祖坟墓碑上的名字几乎每年都要更新一次。如果后代子孙对祖先没有什么印象了，他们的坟墓也会被随之遗忘，家里供奉的灵位上也不再有他们的名字。日本人的孝，只限于对自己记忆中的祖先，如祖父、父亲。他们注重现在而非过去。在一些有关日本的专著中还这样写道：日本人对抽象思辨和非现实的形象毫无兴趣。和中国人相比，他们的孝道观正好论证了这一点。在他们的孝道观中，最大的意义是孝道的义务仅限于对活着的人。

日本人和中国人在孝道方面也具有一些共同点，例如，两个民族都要对双亲尊重和服从。西方人认为，照顾子女是母亲的本能和父亲的责任，东方人却认为，照顾子女是对祖先的孝道。日本人在这点上的态度很明确。他们认为，回报祖先恩情的最好办法，是把自己从父母那里受到的照顾转移到子女身上。

日语中找不到像“父亲对子女的义务”这样的词汇。父亲对子女的义务被包括在对父母及祖父母的孝道之内。在日本家庭，家长要履行如下义务：抚育子女；让儿子和弟弟接受教育；管理家庭财产；为有需要的亲戚提供保护；帮助需要帮助的亲戚，等等。按日本人的孝道观，家中如果儿子提前去世，父母就要抚养儿子的遗孀和子女；如果女儿丧夫，父母也要收养女儿和她的子女。不过，是否收养丧偶的外甥女和侄女，不在“孝道”需尽的“义务”范围内，就算收养，也是在履行另外一种“义务”。抚养、教育自己的子女是“义务”，抚养、教育侄子、外甥，从习惯上讲，要把他们合法过继为自己的养子。如果孩子仍然保留侄子、外甥的身份，那么，抚养、教育他们就非叔伯的“义务”了。

在日本人的孝道观中，也不要求帮助贫困的直系亲戚必须出于敬意和慈爱之因。如果一户家庭收养了一名年轻寡妇，这名年轻寡妇就被称为“冷饭亲属”，因为她在这个家里吃的是冷饭剩菜。这个家庭中任何人都可以指使她。这户家庭对她的任何决定，她只能唯唯诺诺地服从。她是这户家庭的穷亲属，她的子女也一样。在某些特殊情况下，也许她的待遇会比较好，但是，收养她的家庭中的家长，并没有“义务”要善待她，兄弟也没有“义务”要对她友善。在日本人的家庭里，即使兄弟之间势如水火，但只要哥哥履行了对弟弟的义务，也会受到称赞。但对被收养的年轻寡妇来说，却不是这样。

日本婆媳之间的冲突很激烈。对婆家来说，媳妇是外人。媳妇必须熟悉婆婆的喜好，顺从婆婆的脾气。很多时候，婆婆可能认为媳妇配不上自己的儿子。当然，我们可以把这理解为是婆婆对媳妇的嫉妒。但是，如一句日本谚语所说：“可恨的媳妇总是生出可爱的孙子。”不管怎样，媳妇和婆婆之间的孝道会始终存在。

表面上，媳妇对婆婆恭敬有礼、温顺有加，但是随着时间推移，温柔可爱的儿媳妇也可能会变成苛刻、唠叨、吹毛求疵的婆婆。做儿媳妇时，她们必须顺从，等自己做了婆婆后，也会把多年积压的怨气发泄到儿媳妇身上。所以，今天的日本姑娘更愿意嫁给那些不会继承家业的男子，这样就不会和霸道的婆婆生活在一起了。

日本人“尽孝”后，并不一定会得到长辈的慈爱。在有的文化体系中，家长的慈爱是家庭的道德基石，但是日本不一样。有一位日本作家说：“日本人很重视家庭，因此，他们不会对家里每个成员，或者家庭成员之间的联系纽带表示重视。”虽然实际情况可能并非如此，但多数时候是这样的。在承担和偿还“义务”方面，家中年长的人责任更大。他们要监督年轻的人，要求年轻的人在某种情况下做必要的牺牲。年轻的人即使不愿意，也必须服从长者的决定，不服从决定就是不履行“义务”。

日本人的孝道还有一个特点：家族成员相互可以表达怨恨。这种现象在对天皇尽忠的“义务”中是看不到的。天皇是神圣的，并与人间现实生活隔离。在日本传统文化中，这实在是一种巧妙的安排，也只有这样，天皇才能将民众统一起来，敦促国民为国家效力。“天皇是国民之父”这句话并不能概括天皇在日本社会中的作用和重要性。在家庭中，父亲“可能是一个不值得尊重的人”，但是他可以要求子女尽“义务”。天皇却不同，天皇远离世俗，没有污点。对天皇尽忠是最高的道德要求，是非常虔诚的信仰。在明治时代初期，日本政治家考察了西方各国后，说：西方国家的历史是统治者和民众不断冲突的历史，这不符合日本精神。他们回国后，在日本宪法中写道：天皇“神圣不可侵犯”；天皇对国务大臣的任何行为不负责任；天皇是日本民众统一的最高象征，但不是负责国家事务的首脑。在大约七百多年里，天皇从未掌握过实权，不具有任何实质性的作用。所以，让天皇在日本政治舞台上继续充当幕后主角并非难事儿。明治时期，政治家们唯一的工作是：让全体民众在思想上绝对忠诚天皇，并明确这是日本社会文化中的最高道德标准。在封建社会，日本人的“忠”表现为对将军的义务。这漫长的历史也警告明治时期的政治家：在新的社会体制下，要实现日本精神的统一就必须要做些什么。在前面的几个世纪中，将军同时兼任国家大元帅和最高执政官，虽然部下也对他尽忠，但在背后阴谋推翻他，或者密谋杀害他的人也并不鲜见。对将军的忠诚与对封建主君的忠诚时常发生冲突。日本国民对主君的忠诚，比对将军的忠诚，更具有强制性，因为对主君的忠诚建立在直接的主从关系上，相比之下，他们对将军的忠诚淡薄得多。在动乱时期，武士为了逼迫将军退位，拥立自己的主君，不断作战。明治维新的支持者高喊“忠于天皇”的口号，向德川幕府发起挑战，这场战争持续了百年左右。可是，天皇却一直居于深宫中，神龙不见首尾，以至于每个人都可以按自己的想象来塑造天皇的形象。明治维新的胜利，也是“尊王”派的胜利，他们把对将军的“忠”转移到了天皇身上，这也为他们的胜利创造了条件。但是，他们胜利后，天皇仍然继续隐身幕后，并把权力赋予给政府中的“阁下”们，他并不亲自管理事务，也不亲自统领军队，更不会亲自制定政策。“阁下”们的身份仍然是天皇的顾问，并且负责执掌政务。明治维新真正的变革在精神领域，此时，“忠”已演变为每个日本人对天皇的报恩。

在日本民间传说中，皇室是天照大神的后裔，这大概也是人们把对将军的“忠”转移到天皇身上的原因之一。不过，这个传说中的观点，并不像西方人想象的那么重要。虽然有些日本知识分子彻底否定它，但他们从未对天皇表示过怀疑。即使那些接受了这个传说的日本国民，对这一传说的理解也和西方人设想的不同。在英文中，“神”（カミ）被翻译成god，但它在日语中的词义是“至上”，即等级制之巅峰。对西方人来说，人和神之间的鸿沟是巨大的，但是对日本人来说，这条鸿沟不算什么，或者说几乎没有。每个日本人都相信自己死后会变成神。在封建社会，日本国民对将军尽“忠”，将军只是这个等级制社会中首领，并不具有神性。日本人之所以能把尽“忠”的对象转移到“天皇”

身上，有一个非常重要的因素是：在整个日本历史上，皇室只有一个，继承皇位的人只能是这个家族的人。虽然西方人认为这种说法是无稽之谈，但是，日本皇位的继承规则和英国、德国都不一样，所以西方人对日本人的指责毫无意义。日本人的规则是他们自己制定的，根据这个规则，皇室是“万世永恒”的。有史以来，中国经历了三十六个朝代的更替，但日本没有。虽然日本也经历了各种变迁，但是它的社会组织从来没有瓦解过，其结构和组织模式也从未改变过。在明治维新以前的一百多年里，反对德川势力的人正好利用这个论据，而非“天皇神裔”的理论。他们说，既然百姓应该把“忠”献给等级制中地位最高的人，就只能奉献给天皇。天皇被抬到最高“主祭者”的地位，虽然这个角色并不一定意味着神性，但它却比“天皇神裔”的说法更重要。

在近代社会，为了使“忠”的对象能够转向天皇，日本人做了很多努力。明治维新后的第一代天皇是位杰出而威严的人。他长期在位，受臣民景仰，并成为国家象征。他很少在民众面前出现。虽然他在民众面前出现过几次，但都仅限于一些隆重的仪式。日本民众匍匐在他面前，没有一丝声响，没有人敢抬头正视他；为了保证任何人都不能从高处俯视天皇，所有楼房二楼以上的窗户全部被严严实实地关闭了。天皇和高级顾问的接触也要严格遵循等级制。人们不会说“天皇召见执政官”，而是说少数有特权的人在“受赐拜谒天皇”。对有争议的政治问题，天皇不会发布诏书。天皇诏书的内容一般只和道德、节俭，以及安抚民心有关。天皇即将驾崩时，整个日本会变成一座大寺院，所有百姓都要为他虔诚祈祷。

于是，天皇慢慢成为超越一切的精神领袖。日本国民对天皇的忠诚，就像美国人对星条旗的忠诚，天皇“神圣不可侵犯”。美国人对国旗有某种仪式，但对国旗的仪式未必适用于人，天皇的价值却被日本人充分利用。老百姓可以敬爱天皇，天皇也可以做出反应。日本民众听到天皇“关心国民”时，几乎个个都会热泪盈眶。他们甚至可以为天皇献出生命。在日本文化中，天皇是忠诚的象征，天皇对日本人的意义远远超过了星条旗对美国人的意义。日本老师接受培训时，如果他说人的最高义务是爱国，就会受到指责，他必须说日本人的最高义务是对天皇报恩。

“忠”在臣民和天皇之间构筑了双重体系。一方面，臣民们可以直接向天皇表示“忠”，不需要经过其他人；另一方面，天皇的敕令必须经过各位大臣，层层传达，最后传达到日本民众耳中。只要说一句“这是天皇的御旨”，就能够唤醒民众内心的“忠”，其强制力远远超过其他国家。罗里（H. Lory）曾经描述过这样一件事：一次军事演习中，一位日本军官带队出发前下了道命令，不经许可，任何人都不能喝水壶中的水。训练时，他们经常都要在极困难的条件下连续行军五六十英里。那天，有二十个人因为又渴又累倒在了地上，其中五个人死了。后来，人们把那些死亡士兵的水壶打开一看，发现水壶仍是满满的，一滴水不少。“军官下了命令，他的命令就是天皇的命令。”士兵们说。

在日本民政管理中，从丧葬到纳税，“忠”制约一切。日本的税吏、警察、地方官员，都是臣民向天皇尽忠的“中介”。按他们的说法，遵守法律就是对“皇恩”的回报，这与美国形成了强烈对比。对美国人来说，从停车的尾灯标志到个人所得税，任何法律都是在干涉个人自由，都可能使民众愤慨。人们也怀疑联邦政府的法律，因为它干扰了各州立法权，认为它是华盛顿官僚集团强加给美国民众的。还有很多美国人认为，无论怎样反对那些法律，都不能满足民众的自尊心。所以，日本人认为美国人无法无天，但美国人却说日本人缺乏民主观念。他们完全不同的态度与观点，与各自的社会文化有关，可能这样说也更符合实际情况。在美国，人们会将自尊心与个人的事联系起来；在日本，自尊心却与报恩联系在一起。两种社会文化各有难处：美国人的难处在于，一项法规即使对全民有利，也很难被迅速接受。日本人的难处在于，他们一生都要“报恩”，一生都在“报恩”的压力下。也许每个日本人都能在某些时候找到既不触犯法律，又能回避“道德苛求”的方法。日本人还对一些暴力表示赞赏，甚至赞成直接行动和报复，这却是美国人不能接受的。所以，在日本人的生活中，“忠”扮演着重要角色。

日本在1945年8月14日投降时，“忠”显示出令人难以置信的威力。很多对日本有所体验，或者了解日本人的西方人士，都认为日本投降的可能性非常小。他们认为，要让日军和平放下武器是一种天真的想法，而且当时日军的许多部队还在战斗中，并没有溃败，日本人仍然相信自己发动的战争是正义的。在日本本土上，到处都是负隅顽抗的人。进攻日本的先头部队，只要一进入日本舰炮的射程，就会被立刻残杀。日本人在战争中什么事都干得出来：这是一个好战的民族。但是，这些分析家没有考虑到“忠”在日本人精神中的作用。天皇一宣布投降，战争就结束了。投降诏书还没正式广播前，不少反对分子甚至还围住皇宫，试图阻止天皇宣布停战。但是，天皇的诏书一宣布，所有的日本人全部服从。不管在满洲，还是在爪哇等地，所有日军，所有前线司令官，没有任何人反对。美军在日本机场着陆后，受到了日本人礼貌的欢迎。一名外国记者写道：早晨，美国人着陆时还手不离枪；到了中午，所有美国人都收起了枪；傍晚时，美军开始悠闲地在街上采购日用品了。日本人通过遵守和平的办法使“天皇陛下安心”。可是一个星期前，他们还发誓要用竹枪击退敌人，以此使“陛下安心”呢！

日本人的态度并没什么不可思议的，除非西方人不承认支配人类行为的情绪会变化。有人说日本民族唯一的出路是灭亡；还有人说只有自由主义分子掌握了政权，推翻现有政府，日本人才能真正得救。这两种说法如果针对的是西方国家，也许可以理解。但是，如果他们认为日本人的行为方式会和西方人一样，就大错特错了。甚至在日本被平安无事占领了几个月后，一些西方人仍然在说：一切机会都失去了，日本还没有发生西方那样的革命。这是西方人的观点，来自于西方社会哲学，是以西方人的真理标准为基础的。可是，日本和西方国家不同，它没有像西方国家那样采用革命方式解决问题，也没有靠消极破坏的办法对抗占领日本的美军。在战斗力没有被完全摧毁前，日本人用自己的力量，要求把无条件投降作为对天皇的“忠”。在他们眼里，虽然无条件投降是巨大的代价，但是这种代价仍然有价值，因为他们从中获得了自己最珍视的东西，他们说：这是天皇的命令，天皇即使命令投降，也要忠于天皇的命令。即使投降，“忠”仍然是日本人最高的道德规范和法律要求。

第七章　情义最难接受

日本人常说：“情义最难让人接受。”就如必须报答“义务”一样，对别人给予的“情义”也必须报答。但是，“情义”要求的义务和“义务”要求的义务并不一样。英语中很难找到“情义”的同义词或近义词。在世界文化的道德义务范畴中，人类学家发现了许多稀奇古怪的现象，“情义”就是其中之一。日本人讲究“情义”。日本人和中国人都重视“忠”和“孝”，虽然日本人对“忠”“孝”二字的定义与中国人不太相同，但与其他东方国家对“忠”“义”的要求相比，仍具有相似性。“情义”并非源于中国的儒教文化，也和东方的佛教文化无关，它是日本文化中独有的范畴。要了解日本人的行为方式，首先要了解他们对“情义”的态度。不管是谈论行为动机、名誉，还是关于自己遇到的各种麻烦，他们经常会说“情义”二字。

在西方人的观念中，从报答旧恩到复仇，“情义”包含一系列义务，这些义务互相缠杂，这大概也是日本人不愿向西方人解释“情义”

的原因，可能就连他们自己也很难对这个词有明确的定义。一本日语辞典对“情义”的解释是：“正道，即人应该遵循的；为了不受世人非议做自己不愿做的事。”西方人很难从这种解释中领悟它的含义，不过“不愿意”三字却告诉我们，“情义”和“义务”不同。不论任务多么艰巨，“义务”都要求对亲人，对国家，以及对代表国家、民族生活方式和爱国精神的最高统治者，尽一系列责任。“义务”是与生俱来的，必须履行。“义务”中有一些行为可能是当事人不想做的，但在“义务”的定义中，“不愿意”并非真的不愿做。“情义”却不同。在“情义”中，“不愿意”是真的不想做，如果做了会让内心不快。在“义务”的领域中，如果没有做到，当事人可能感觉不到什么；但在“情义”的领域中，对“情义”的亏欠却会让当事者内心不安。

“情义”分两类，一类是“对社会的情义”，字面的意思就是“报答情义”，向别人报恩的义务；另一类我称之为“对名誉的情义”，有点类似德国人的“名誉”，就是要保持自己的名誉不受任何玷污，这是一种责任。我们可以把“对社会的情义”当成履行契约的关系，它和“义务”的区别在于，“义务”要求履行与生俱来的责任，比如对父母的责任、对子女的责任等。所以，“情义”这个词语包括对姻亲家属要承担的义务。但是“义务”这个词只包括对直系家属应负的义务，例如：岳父、公公可以被看作是“情义”上的父亲，岳母、婆婆可以被当成是“情义”上的母亲，丈夫的兄弟姐妹、妻子的兄弟姐妹可以被当成是“情义”上的兄弟姐妹。这些称谓既适用于配偶的亲属，也适用于亲属的配偶。日本人的婚姻是家庭之间的契约关系，当事人对配偶的家庭具有终身履行契约的义务，这就是“履行情义”。在“情义”的履行中，最沉重的是对为自己安排了婚约的父母的情义。日本年轻儿媳妇要对婆婆履行的“情义”很重，因为儿媳妇要与公公、婆婆生活在一起，她们居住的家庭并非自己出生的家庭。丈夫对岳父、岳母要尽的义务虽然和妻子对公公、婆婆尽的义务不太一样，但也一样让人有些害怕。岳父有困难时，女婿有义务借钱给岳父，还要对岳父履行其他义务。所以，一位日本人曾这样说："儿子成人后，侍奉亲生母亲是出于爱母之情，却非情义。"发自内心深处的行为不能被说成是"情义"。日本人对婚姻中要履行的义务很明确，不管要付出多大的代价都会履行，否则会被人谴责说"这人不懂情义"，这种舆论的谴责是很可怕的。

日本人对配偶家属履行的义务，从倒插门女婿的身上能看得最清楚。和女人结婚进婆家一样，倒插门女婿在婚后也要进妻家。如果一个家庭里只有女儿，没有儿子，为延续"香火"，就要为某个女儿选择倒插门女婿，即养子，他的名字要从原先的户籍上取消，从此改为岳父家的姓氏。他进入妻子家后，在"情义"上就从属于岳父母，他死后也要葬在岳父家族的墓地中。这和女人婚后进入婆家是一样的。有时，为女儿选择倒插门女婿，并非因为家中没有儿子，而是为了双方的利益，这在"政治联姻"中尤其明显。有时，虽然女方家穷，可是门第高贵，男方可以带钱入赘女方家换取较高的身份。有时，女方家境富裕，有力量负担女婿上学读书，女婿接受这一恩惠，作为交换条件，他要离开自己的家庭前往女方家中。还有的时候，如果女方父亲为了得到某个公司，或者成为某个公司的合伙人，他会为自己选择一个符合条件的倒插门女婿。当然，不管男方进入女方家是什么原因，入赘妻家的养子都要承担沉重的"情义"。因为在日本，尤其在封建社会中，将自己的名字写入别人家庭的户籍，是一件严重的事，它意味着打仗时，养子必须代替养父出征；为了证明自己是新家族的一员，即使养父命令他杀生父，他也必须从命。在日本近代社会，经常可以看到一些养子因为"政治联姻"，被束缚在岳父的事业或养父家族的命运上。在明治时期，这种事情有时对双方都有利。不过，日本社会对养子一直持嫌恶态度。他们有这样一句谚语：“有米三合，决不入赘。”意思是，只要没有穷到吃不起饭，就决不做人家的养子。日本人对养子的嫌恶也是出于“情义”。假如美国也有这样的风俗，美国人一定会说：“这哪里是男子汉大丈夫干的事。”但日本人不会这样说。不管怎样，养子履行“情义”都不容易，大概也是因为他们并不愿意这样。所以，“为了情义”最能形象表达日本人沉重的人际关系。

除了对姻亲的“情义”，对伯父母、外甥、侄子的义务也属于“情义”。但是，日本人对近亲的义务不列入“孝道”范围，这大概也是日本人和中国人的差异。中国人不管是对近亲还是对远亲，都提倡“孝”，但日本人对近亲和远亲只有“情义”，也就是说只有“契约”上的关系。日本人对远亲和近亲的救助，并非是因为对他们有恩情，而是为了报答共同祖先的恩情。抚养子女也是同样的动机，不过，抚养子女是必然的“义务”；帮助远亲，动机是为了报答共同的祖先，被当作“情义”。如果必须帮助这些亲属，日本人就会像救助姻亲那样说：“我是为了‘情义’这样做的。”

武士对主君及其同伴的“情义”，远远重于日本人对姻亲的情义。在这种“情义”中，重视名誉的日本人会对上级和同辈保持忠诚。在很多日本传统文学作品中，我们都能看到他们对这种“情义”的宣扬与称赞，这被视为武士的品德。德川家族统治日本前，这种品德在日本人心中的重要性远远超过“忠”，即对将军的义务。12世纪时，源氏将军要求一位大名交出躲藏在他那里的敌人。这位大名给将军写了一封信，这封信保留至今。在信里，大名对自己的“情义”受到将军的非难表示强烈的愤慨，他拒绝以“忠”的名义背叛“情义”。大名说：“在公事上，我个人无能为力。但武士重视名誉，武士之间的情义是永恒的真理。”即这种“情义”远远超越将军的权力。大名拒绝“背信弃义”。这种超越一切的武士品德，在日本古代历史故事中广泛流传。这些作品还经过润色，被改编成音乐、歌舞、神乐舞蹈等。

还有一个故事讲述12世纪的豪杰弁庆，他是一个力大无穷的浪人（没有主君，靠自己的能力谋生的武士）。他寄住在寺庙时，僧侣都害怕他。为了能有武士的行装，他杀其他武士，把他们的刀剑等物品收集起来。后来，他向一位武艺看似平常的年轻领主挑战，却没料到遇上了劲敌。原来，这位年轻领主是当时受人崇拜的英雄——源义经，源氏家族的后代。源义经正一心要恢复源氏家族的将军地位，弁庆投靠了他，向他表达“情义”，为他立下无数战功。在一次寡不敌众的战斗中，源义经被迫带着家臣逃跑，他们化妆成为修建寺庙化缘的僧侣行走全国。为掩人耳目，弁庆假扮领队，源义经混在人群中。每当他们遇到敌人时，弁庆就拿出事先编造的寺院募捐簿念诵，蒙混过关。有一天，源义经引起敌人的注意。他虽然衣衫褴褛，却仍然有贵族的气质，敌人对他充满怀疑，就把他们叫回来。在这关键时刻，弁庆借口打了源义经一记耳光，见他打耳光，敌人就不再怀疑源义经，因为如果这个“疑犯”是源义经，家臣绝对不敢动手打他，打主君耳光是违背“情义”的行为。弁庆的不敬行为挽救了这一行人的生命。到达安全地方后，他立即跪在源义经面前，请求赐死。但是，通情达理的源义经原谅了他。

这些故事中的武士“情义”都出自内心，在那个年代，人们对“情义”没有丝毫嫌恶之念，并为近代社会的日本人构筑了一个黄金时代的梦想。那时，“情义”不含任何“不情愿”的因素。如果“情义”与“忠”冲突，可以坚持“情义”。“情义”受到了普遍珍视。“懂情义”意味着要终身忠于主君，把生命献给主君；主君也要以诚相待，用恩惠回报“情义”。

不错，这是一种幻想。在封建社会中，很多大名利用武士的忠诚收买他们。更重要的是，如果家臣受到主君侮辱，不但可以弃主君而去，还可能会和敌人勾结起来向主君复仇。日本人既颂扬向主君“复仇”的行为，也宣扬为主君“尽忠”的行为，二者都是“情义”。尽忠是对主君的“情义”，复仇是对自身名誉的“情义”。日本文化中的“情义”犹如一块盾牌，具有两面性。

古代有关忠诚的故事，对于今天的日本人只是一种梦想。今天，“报答情义”并不是指对合法的主君表示忠诚，而是对社会各类人需要履行的义务。在与情义相关的语言中，我们能听出其中的嫌恶之意，人们时常强调自己迫于舆论，不得不违背心意履行情义。他们会说“这门亲事出于情义”“我聘用那人是出于情义”“我见他是出于情义”，等等。日本人还常说“受到了情义的纠缠”，在辞典里，这句话被翻译成“I am obliged to do it”（我被迫这样做）。他们会说“他用情义强迫我”“他用情义逼迫我”，等等，大意都是某人曾经给予当事人恩惠，后迫使当事人做不愿做或者不想做的事。在农村，在小店买卖中，在上层社会，在政府内阁，时常都能听见人说“为情义所迫”“受情义的强迫”。求婚者可以凭借双方家庭关系的深浅或交易，强迫某人做自己的岳父；还有人用同样手段获取农民的土地。当事人被“情义”所迫，不得不答应。他们会说：“如果不帮恩人，别人会说我不懂情义。”这些说法都含有“不愿意”“只是为了情面”的意思，正如辞典里的解释：for "mere decency's sake"。

“情义”的标准是报答，这是严格规定的，和《摩西十诫》的道德准则不一样。迫于“情义”，有时甚至不得不无视正义。人们常说：“为了情义，我不能坚持正义。”“情义”的准则与“爱邻如己”也毫不相关。“情义”不要求当事人主动宽容别人，他们会说：履行

“情义”是因为“如果不这样做，人们会说‘不懂情义’，会在人前蒙羞”。日本人履行“情义”是因为担心别人的舆论才不得不做。在英语中，“对社会的情义”常被翻译成“conformity to public opinion”（服从舆论）。英语辞典里还把“因为对社会的情义，只好如此”翻译成“people will not accept any other course or action”（人们不会承认其他办法）。

把日本人对“情义”的行为规范，与美国人偿还借款的规矩做一个对比，这样就能帮助我们更好地理解日本人的态度。收到别人的信件，接受别人的礼品，得到别人的劝告，美国人对这些“情分”并不认为必须像偿还银行借款或付清利息那样对待。在金钱交易中，如果对方不能偿还欠款，美国人最多宣布对方破产。对他们来说，这种惩罚已经很严厉了。但是，日本人把不能报答别人的“情义”视为人格“破产”。日常生活中的每个细节都可能涉及“情义”，美国人对此可能不介意，更不会把“情义”当义务偿还，但日本人却对一言一行都很认真，这也意味着日本人始终谨小慎微，唯恐有失。

对“社会的情义”，日本人有一点和美国人借钱还债相似，就是他们报答“情义”时，总是毫厘不爽，等量对待。在这点上，“情义”和“义务”不同。“义务”没有止境，不论怎样都不可能全部报答。“情义”却有止境。在美国人眼中，日本人对恩情的态度是“滴水之恩，涌泉相报”，但日本人并不以为如此。日本人的馈赠习惯也让美国人感到奇怪。每过半年，日本人都会准备一些礼物，作为对半年内收到的馈赠的答礼。女佣人家每年都要给雇主寄东西，感谢雇主的雇用。不过，如果日本人收到的回礼比馈赠出去的更重的话，他们会不高兴，这是他们的忌讳，这种礼被称为“赚礼”，并认为这是不名誉的事，认为送礼的人在“用小虾钓大鱼”。报答“情义”也是如此。

日本人会把人际往来记录下来，包括他们提供的劳务、收到的物品等。在农村，一些人际往来的记录由村长保管，有的由“组”内某个人保管。“组”的原文是work party，可能译自日文的“结”，有的地方叫“契约”“同业”，指农村在插秧、盖房、结婚、丧葬等繁忙的时候，组织换工互助，以及由这类关系组成的集体。还有的记录由家庭或个人保管。日本人送葬要带“奠仪”，亲戚们还要送各种布匹制作送葬的挽幅。

第八章　对名誉的情义

日本人对名誉的“情义”体现为不让自己的名誉受玷污。这种“情义”由一系列品德和行为构成。在西方人眼中，它们可能互相矛盾，但是对日本人来说却是统一的。这类义务并非报恩，不是“恩”的范畴，与受恩于他人无关，只是为了自身名誉。其内容包括：遵循社会等级制的各种礼仪规范，“各得其所，各安其分”，对痛苦具有忍耐力，能在各方面维护自己的名声。这种“情义”还要求当事人有消除诽谤，抵御侮辱的能力，因为他人的诽谤会玷污名誉，必须“昭雪”。如有必要，甚至可能报复诽谤者或者自杀。除了报复和自杀，也可以选择其他方式，但决不能置之不理。

日本人将对名誉的“情义”描述为报恩范畴外的“情义”。这只针对“情义”的分类，并非指“对社会的情义”，即对善意关切的回报。“对名誉的情义”明显包括报复行为。在西方社会，人们将上述二者归类到“感激”和“报复”这两个对立的范畴，但日本人对此持无所谓态度。在日本人的观念中，一种德行既包括对他人善意的反应，也包括对他人恶意或蔑视的反应。

日本人认为，正派的人不管是对恩情还是对侮辱，都要有强烈的感受，并要认真“回报”。美国人会将两者区分，将一种行为称为侵犯，另一种行为称为非侵犯，但日本人不这样。日本人认为只有“情义”外的行为才是侵犯。只要能够遵守“情义”的规则，为自己洗刷污名，就不是侵犯行为，因为他的目的只是为了“算旧账”。日本人还认为，如果受到侮辱、诽谤和失败后，不实施报复等行为，“世界就不会安稳”。正派的人必须努力使世界平衡，这是人性的美德，而非罪恶。就像日本人把感谢和忠诚联系起来一样，西方人也曾把对名誉的“情义”视为道德。这一行为准则在文艺复兴时期，特别是在意大利，曾风靡一时。

古代西班牙的“勇敢”和古代德国的“名誉”，与这一行为准则都有类似之处。甚至一百多年前，欧洲流行的决斗在潜意识中也与它是相通的。不管是在日本，还是在西欧各国，只要重视恢复名誉的道德观占优势，其道德核心总是会超越一切物质利益。道德越高尚的人，越会为“名誉”不惜舍弃财产、家庭，甚至牺牲生命，这成为道德定义的一部分，也成为“精神”价值的基础。这种道德标准在某种程度上会让物质利益受损，并很难用利害得失来衡量。因此，这种名誉观与美国人生活中的强大竞争和公开对抗形成鲜明对比。美国人在一些政治、经济往来中，对道德规范也许没什么限制，但对他们来说，获取与保持某种物质利益一定会是一场战争。肯塔基山中居民的械斗是一种例外，当地人重视名誉的风俗是属于“对名誉的情义”的范畴。

“对名誉的情义”和随之可能产生的敌意或报复，并非亚洲人的道德文化特点，它并不代表所谓的东方道德特征。中国人的道德观中没有这种特点，暹罗人、印度人的道德体系也没有这一说法。中国人不会一听到诽谤或侮辱就神经过敏，如果这样，只会被他们视作“小人”，即道德水平很低的人。中国人不像日本人那样，把对名誉的敏感视作一种高尚的情操。中国人不赞成把不正当的暴力行为当报复手段，并认为这是一种神经过敏的行为。他们也并不一定要通过善良或伟大的行为来证明别人的诽谤是错误的。暹罗人对待别人的侮辱也同样不敏感。暹罗人和中国人都更愿意将诽谤者置于一种尴尬境地，他们从不过分想自己的名誉受到了什么伤害。他们认为：战胜侮辱和诽谤的最好办法就是容忍和退让。

只有了解日本人对非侵犯性的道德观，才能更好理解他们对“名誉的情义”持有的完整态度。复仇仅仅是在特殊场合才要求的行为。

对“名誉的情义”也包括稳健、慎重、克制的行为。自重的日本人必须坚忍与自我克制，这是对“名誉的情义”的行为规范的一部分。日本妇女分娩时不能大喊大叫，男人对痛苦和危险必须泰然处之。村子遭遇洪灾时，老成持重的日本人必须带上必需品，寻找高地栖身，不能乱跑乱喊、惊慌失措。每年秋分前后，台风暴雨袭来时，也能看到日本人的自我克制精神。虽然并非每个日本人都能做到这些，但自尊心要求他们自我克制。美国人的自尊心不要求自我克制。日本人的自我克制精神还含有“位高任重”的含义。在封建社会，人们对武士的要求比对庶民的要求高，对平民的要求虽不严格，但生活准则仍然讲究等级制。如果武士必须忍耐极端的肉体痛苦，庶民就必须顺从地忍受武士持刀侵犯。

关于武士的忍耐精神有许多有名的故事。在日本传统文化中，要求武士能够忍耐饥饿，即使饿得要死也必须假装刚吃完了饭，还要假装用牙签剔牙。所以，日本有句俗语是：“雏禽求食而鸣，武士口含牙签。”在战争中，这句话成为士兵们鼓励自己、不向痛苦屈服的格言。日本人对待痛苦的态度犹如法兰西战争中，一位士兵回答拿破仑的问话："受伤了？不，陛下，我被打死了！"临死前，武士不能流露丝毫痛苦，而且必须勇敢面对死亡。据传说，胜海舟伯爵也出身于武士家庭，但家境贫寒。在小时候，有一次他的睾丸被狗咬伤了，医生在给他做手术时，他的父亲拿一把刀戳在他的鼻梁上说："不准哭，你要是哭了，我就让你死，你要无愧于武士的称号。"

对"名誉的情义"还要求每个日本人的生活能与自己的身份相适应。如果不能，就会丧失"自尊"。德川时代曾经颁布一项法令——"取缔奢侈令"，对各阶层人士的服饰、财产、日用品等，都做了明确详细的规定。按身份生活意味着接受这种规定，并将它视为自尊心的一部分。美国人对这种按世袭阶级地位制定的法律感到吃惊。对美国人来说，自尊心只与如何提高自己的社会地位有关，日本人的这项法令无疑是在否定民主社会的基础。德川时代还规定，不同社会阶层的小孩要购买不同的布娃娃。例如，农民只能给孩子买这种布娃娃，商人只能给孩子买另一种布娃娃，等等。这些法律让美国人感到震惊。不过，美国不同的阶层有时也会面临相似的结果，这是由收入差异决定的，例如，工厂主的孩子可以有一列电动火车，佃农的孩子却只要有一个用玉米棒做的娃娃就满足了。美国人心安理得地承认这个事实，因为他们承认收入差异，并认为这是合理的。力争高薪和报酬是美国人自尊心的一部分。既然孩子们拥有不同的玩具是由收入高低决定的，那就不违背美国人的道德观。有钱人可以给孩子买高级布娃娃，穷人只能给孩子买最便宜的布娃娃。但在日本，钱会让人感到迷茫和困惑，安守本分才让人放心。即使今天，日本穷人和富人的习惯也都是一样的，都以遵守等级制来保持自尊心。美国人无法理解这点。法国人托克维尔在他于19世纪30年代前写的著作中，就指出过这一点。托克维尔出生于18世纪，虽然他对讲究平等、民主的美国给予好评，但仍然钟情于法国贵族式的生活方式。他认为美国人虽然有自己的美德，但是缺乏真正的尊严。他说："真正的尊严在于每个人都能各安其分、不卑不亢，从王子到农夫，都能以此自许。"所以，托克维尔一定能理解日本人的道德观和生活态度，那就是承认阶级差别并没有什么不体面的。

今天，我们对各民族文化都有一些客观研究。对于"真正的尊严"，不同民族有不同定义，正如不同民族对屈辱也有不同的解释一样。一些美国人说，只有推行平等，日本人才能获得自尊。他们其实犯了一个错误，因为侵犯了日本民族的自我中心主义。如果美国人真的希望日本人拥有自尊，就必须对日本人维持自尊的文化习俗加以确认。我们可以像托克维尔那样承认，以贵族制为基础的"真正的尊严"，在近代社会正逐渐消失。我们相信有一种更优越的尊严正取而代之。日本人也会这样。可今天，日本人只能在自己的文化基础上重建自尊，而不是在美国文化的基础建立自尊。日本人只能以自己的方式完善。

对"名誉的情义"除了要求"安守本分"，还要履行很多义务。借钱时，当事人也许会把"名誉的情义"抵押给债主。直到二三十年以前，借钱人都会向债主表示："如果不能还债，我愿在大庭广众之下受众人耻笑。"不过，日本人没有当众揭丑的习惯，即使他们还不了债，也不会真的在公众场合受辱。不过，新年之时，如果必须偿还债务，无力还债的人常会以自杀的方式"洗刷污名"。今天，仍然有一些日本人会在除夕之夜自杀，以挽回名誉。

各种职业责任也与对"名誉的情义"有关。在某些情况下，如果当事人成为众矢之的，备受责难，其他人往往对他们会有一些奇怪的要求。如果学校失火，校长可能会引咎自尽。虽然校长对火灾没有责任，但火灾使挂在学校里的天皇像受惊，他们也难逃责任。在火灾中，有的教师为了抢救天皇像，不顾生命危险冲入火中被烧死。他们的死证明了对“名誉的情义”的重视，也证明了对天皇的“忠”。今天，据说有人庄严地捧读天皇颁布的《教育敕语》或《军人敕谕》时，无意中读错了某个字，以自杀洗刷污名。还有人给刚出生的孩子取名时，一时不慎误用了“裕仁”这个名字，亵渎了天皇（当今天皇的御名，对天皇的名字要避讳，不能说），不但自己自杀，还杀死了孩子。

出于“名誉的情义”，专业工作者对专业的要求非常严格，但他们的专业态度与美国人理解的专业水平不太一样。老师会说：“教师的‘名誉的情义’不允许我不知道。”意思是说在教生物时，即使不知道青蛙的属类，也必须假装知道。英语老师即使能力再差，也不容忍别人修订他的错误。“教师名誉的信义”是指对“情义”的自我防御。实业家也一样，即使资产枯竭，企业濒临破产，“实业家名誉的情义”也决定他不能轻易向人透露，也不能告诉别人说他为公司制定的计划失败了。出于“名誉的情义”，外交家不能承认自己在外交上的失败。每个人和他的工作都被高度等同起来，对某人行为或能力的批评，就是对当事人本人的批评。

美国人对失败和无能等不名誉的反应不像日本人。有的日本人一听到别人的诽谤就气急败坏，但美国人却不会对自己的名誉高度戒备或自我防御。美国老师不知道青蛙的种属时，尽管可以掩饰自己的无知，但他也会认为，承认无知比假装知道要好。如果美国实业家对自己的方案不满，就会实施另外一种新方案。他不认为必须坚持自己是对的才能维持自尊。他也不会认为，承认错误或失败就必须辞职或退休。但在日本，对自尊心的自我防御却根深蒂固，所以不能当着日本人的面说他们在专业上的失误，这既是礼节，也是明智之举。

与人竞争时，尤其在竞争失败时，日本人对“名誉的情义”尤其敏感。如果应聘工作录用的是别人，或者在考试中落选，他们会因失败感到“蒙羞”。有时，羞耻感会激励他们努力，但更多的时候，羞耻感会让他们萎靡不振，或失去信心，或暴躁发怒。日本人竞争导致的后果与美国人竞争产生的效果不一样。美国人把竞争当成好事，并重视它。在竞争中，美国人会更加努力出色，他们的工作效率会提高。美国人单独工作很难达到在竞争环境中达到的效果。日本人的情况正好相反，尤其是在日本儿童少年期结束后。日本儿童大都把竞争当游戏，不怎么在意。日本人在竞争环境中的工作效率很低。反之，他们单独工作时，效率反而会提高，而且会少犯错误。一旦和竞争对手在一起，速度就会明显下降，而且错误频出。如果成绩能够衡量进步，日本人就会做得很好。如果和其他人一起竞争，结果就相反。在实验中，研究者对日本人处于竞争压力下的成绩不好的原因做了分析，他们认为：如果竞争，当事人的注意力就会放在结果上，会担心失败，会降低工作效率，并容易让工作受到损失。日本人对竞争对手也很敏感，在他们看来，竞争对手仿佛在侵犯自己，所以会把更多注意力转移到“侵犯者”身上，而非专注于工作。

实验结果还表明，如果学生总是想到失败会让自己蒙羞，就会产生极大的心理压力。就像老师、实业家都会保持在专业上的“名义的情分”一样，学生也重视“名义的情分”。竞赛中失败的学生，可能会因失败带来的羞辱采取极端行为。在赛艇比赛中，失败的运动员可能会手握船桨、倒在船上嚎啕大哭；在垒球比赛中，失败的球员会抱作一团失声痛哭。在美国人看来，这样做显得太小气了。失败的美国人会反而会称赞对方的优秀，并向胜利者招手致意。所以，不管美国人怎样讨厌失败，都看不起因为失败而情绪冲动的人。

日本人经常会用巧妙的办法避免直接竞争。小学里几乎就看不到竞争，这出乎美国人的意料。老师有责任教育每个孩子努力学习，提高成绩，但是不会故意提供机会让每个孩子相互竞争。小学里也没有让成绩不合格的学生留级的规定。同时入学的孩子同时学完所有课程，同时毕业。小学生的成绩单上记载的都是孩子的操行品质，而不是考试分数。有时，竞争也难以避免。在中学的入学考试中，紧张程度也让美国人费解。有的孩子会因为没有考上中学而试图自杀。

日本人在生活中自始至终都在避免竞争。在美国，每个人都要尽最大努力取得好成绩。但是，以“恩”为基础的日本文化并不鼓励竞争，每个人的竞争机会都不多。日本人的等级制非常繁琐，这套体系又将每个人面临的直接竞争控制在最低程度中。日本人的家族制度也限制了竞争。日本人的父子关系也不像美国人那样存在竞争。在日本人的家庭中，父子可以互相排斥，但不是竞争。在美国家庭中，为了使用汽车，或者为了照顾母亲和妻子，父与子可能会互相竞争，日本人对这个现象感到惊异而奇怪。

日本处处有中介人，这是日本的习俗。很多情况下，中介可以更好地防止竞争者直接对峙。如果日本人因失败感到羞耻，随时都可能需要中间人调解。相亲、找工作、离职，以及其他许多事务中，中介人起着重要作用。他们负责为当事人传达意见。在结婚之类的重要事情中，当事人双方都要请中介人，通过中介人交涉，中介人再分别向对方汇报。以这种方式交往就会避免直接交谈中可能会听到的招致厌恶、伤害或误解的话，会避免对“名誉的情义”的损伤。中介人因为自己发挥的作用深得人心，成功博得社会各界的尊重。一项事业或合作，如果谈判顺利，中介人会感到颜面有光，并使顺利签约的机会增多。中介人也以同样方式，替求职者打听雇主的意图，或者帮忙把雇员的辞职意图转告雇主。

在新几内亚和美拉尼西亚，有一些从事园艺工作的原始民族，受到别人侮辱时会愤怒，并成为导致部落及个人产生某些行为的推动力。在部族举行宴会时，一个村的村民议论另一个村的村民，说那个村的村民穷得请不起客，把芋头、椰子等食物水果都藏了起来，全部变成了吝啬鬼，首领也很愚蠢，等等。受到侮辱和挑战的村子就会大摆宴席，炫耀自己的奢侈和财富，并使所有来客感到惊异，从而帮助自己洗刷污名。

在提亲和经济往来上也是如此，在交战时同样会这样做。部落双方一旦交战，并准备搭弓射箭时，都会互相谩骂。即使只是一些琐碎小事，也会决一死战。这种习俗是推动他们行动的动力。同时，这些部落人精力充沛，具有活力，但没人认为他们崇尚礼节。

日本人却非常讲究礼节。“尚礼”之风使他们极力避免出现需要“洗刷污名”的事情。虽然他们把别人的侮辱视为对自己的鞭策，但会尽量避免挑起事端，以免受到“侮辱”。为“洗刷污名”采取的报复性行为，只会在一些特殊场合，或者当“洗清”侮辱的传统方式与手段受到抑制时，才会出现。这种文化习俗对日本在远东地区取得统治地位，以及在日本近十年来对英美推行的战争政策中，起了推波助澜的作用。但是，西方人针对日本人对“侮辱”的极端敏感性，以及热衷复仇的言论，更适合新几内亚的部落民族。西方人没有充分认识到日本人对“名誉的情义”的特殊限制，对于日本战败后会如何行动的预测也不切实际。

但是，美国人也不能因为日本人“尚礼”，就低估他们对诽谤的敏感性。美国人把随意评论他人视为游戏，日本人却把最轻微的批评也当大事，这让美国人不理解。日本画家牧野芳雄在美国出版了一本英文自传，生动描述了自己曾经对“嘲笑”做出的反应。写这部自传时，他已经在美国和欧洲度过了大半生，但他对日本的强烈感受却从未改变，仍如生活在故乡——日本爱知县的农村一样。他出生在一个颇有地位的地主家庭中，是家中幼子。这是幸福的家庭，他获得了无比的宠爱。但是，在他幼年期即将结束时，母亲去世了。不久后，父亲也破产了。

为了还债，他们变卖了所有家产。家庭败落了，他身无分文，为了学英语，他到家乡附近的教会学校当门房。他18岁以前，他只到过家乡附近的几个乡镇。但是，他决心前往美国学绘画。

我去拜访一位我很信赖的传教士，告诉他我想去美国，希望他能够帮助我。但是我很失望，传教士对我大声喊道："什么？你要去美国？"当时，他的夫人也在房里。他们嘲笑我。刹那间，我感到自己脑子里的血都流到了脚底下。我默默站了两三秒钟后，连"再见"也没有说就回到我的房里。我自言自语地说："一切都完了。"

我第二天一早就离开了。现在我说说这个原因。我一直相信，对人不诚恳是最大的犯罪，嘲笑别人是最不诚恳的行为。

我时常原谅别人发怒，因为每个人都有脾气不好的时候。别人对我撒谎，我通常也会原谅，因为人性脆弱，面对困难时，我们往往也不够坚强，就不敢讲真话。对没有根据的流言蜚语，或者别人背后的议论，我也能原谅。因为遇到别人说人闲话时，难免自己不陷进去。

对杀人犯，我也会酌情理解。但是对别人的嘲笑，我不能原谅。只有内心不诚恳的人才会嘲笑无辜的人。

"杀人犯"和"嘲笑者"这两个词，请允许我对自己的定义做一下解释："杀人犯"是杀害某人肉体的人；"嘲笑者"是杀害他人心灵的人。

心灵比肉体更宝贵。因为嘲笑是一种恶劣的罪行。那对传教士夫妇对我的嘲笑伤害了我的心灵，使我感受到巨大的创痛，我在心里大声喊着："为什么！……"

所以，第二天一早，他就收拾行李离开了。

他感到自己的心灵被“伤害”了。身无分文的他想去美国学画，但是传教士不相信他。他的名誉受到玷污，为洗刷污名，只有实现自己的目标。既然受到传教士的嘲笑，于是除了离开别无选择，他必须证明自己有能力前往美国。在自传中，他指责传教士时，用的英文单词是insincerity（不真诚、不诚恳）。你也许会觉得奇怪，因为在美国人的眼里，传教士对他想去美国学画表示出来的惊奇，是符合sincere（诚实、正直）的含义的。但是，他却按照日本人的理解来使用这个词。日本人把蔑视别人的人，都看作是不诚实、不诚恳的人。传教士对他的嘲笑无疑是放肆的，毫无顾忌，是对人极不诚恳的一种证明。

“对杀人犯，我会酌情理解。但是对别人的嘲笑，我不能原谅。”既然对嘲笑不能“原谅”，唯一的办法就是复仇。于是，他来到美国，成为画家，洗刷了“污名”。遇到侮辱或失败时，“报仇”是一件“好事”，这在日本传统文化中占重要地位。日本人经常在作品中用生动的比喻描绘日本人对复仇的态度。新渡户稻造是一位富有博爱思想的日本人，他在1900年写了一本书，他在书中写道：“复仇可以在一定程度上满足正义感，我们对待复仇的态度，就如同在数学计算中必须使方程式两边相等一样。不然，我们会心事重重。”冈仓由三郎还写了一本《日本的生活与思想》，他在书中把复仇与日本人的其他独特行为习惯做了一番比较，说：

“日本人的这种特异心理来自于喜爱洁净的习惯和厌恶污秽的心理。只有这样才能解释这一现象。一旦家庭名誉受辱，或者国家荣誉受辱，日本人就会视之如污秽或疮疤，必须‘洗刷’干净，否则就不能恢复‘清洁’和‘健康’。在日本社会中，不管是于公还是于私，都能见到许多复仇性质的事件，我们可以把这看作是一个具有洁癖的民族必不可少的‘晨浴’。”

接着，他说：“日本人的生活清净无尘，犹如盛开的樱花，既美丽又宁静。”“晨浴”就是要把别人投来的污泥洗干净。哪怕身上只有一丁点儿污泥，也是不洁净的。日本人并不认为只要自己不觉得受辱，就不算侮辱。他们也不认为“人必须自侮而后人侮之”。在他们的传统文化中，经常公开提倡这种类似“晨浴”的复仇行为。日本有很多类似的事例和“英雄”故事家喻户晓，最脍炙人口的是《四十七武士》。这些故事被编进学校教科书，被改编成戏剧上演；被拍摄成电影放映；被改编成通俗读物。这些故事已经成为日本文化必不可少的一部分。

还有一些故事讲述日本人如何向主君复仇。根据等级制文化体系，“情义”意味着家臣一生忠于主君，也意味着家臣受主君侮辱后，彼此就会变成仇敌。德川家康有一位家臣，一天，家臣听说德川家康在背后议论他，说他是“会被鱼骨头卡死的家伙”。在日本人眼中，这句话侮辱了武士的尊严，绝对不能容忍。家臣发誓复仇。当时，德川幕府刚定都江户，正准备统一全国，国内有很多敌对势力，社会还很动荡。家臣暗中勾结敌人，做了敌方内应，帮助敌人纵火焚烧江户。他以为这样就实现了“情义”，向德川家康复了仇。日本人的“情义”不仅代表忠诚，在特定条件下也意味着背叛。但是，西方人对此并不了解，他们对有关日本人忠诚的评论很多都不切实际。正如一句日本谚语所说，“挨打之后就会成为叛徒”，受了侮辱也是一样的。

日本历史故事中还有这样两个主题：一个主题是有错误的人报复正确的人；另一个主题是只要受到侮辱就一定要报复，哪怕对方是自己的主君。在日本文学作品中时常能看到这两个主题，有关的情节也丰富多彩。但是，如果我们对当今日本人的身世、小说、实际情况做一番考察，就会发现，虽然古时候的日本人崇尚复仇，但是复仇行为在现实生活中却很少见，甚至比西方人还少。这并非意味着日本人的名誉观在逐渐淡薄，而是意味着日本人对失败和侮辱的反应已慢慢演变为自卫性，而非进攻性。他们仍然看重耻辱，但更多时候，他们宁愿自我麻痹，也不愿挑起争斗。明治维新以前，日本没什么法律，人们为了名誉直接攻击复仇的可能性很大。到了近代社会，法律的完善、社会秩序的规范、人与人相互依存的关系，使直接攻击的复仇行为很难实现。人们更倾向于在对方没察觉的情况下玩阴谋诡计报复。正如古代一些日本故事中写的，为了报复仇人，主人暗中把粪便藏在美食中请仇人品尝，目的就是为了让对方吃下美食，又不会察觉美食中的粪便。今天，就连类似这种“隐秘”性的复仇行为也越来越少，更多时候，人们只是把攻击的矛头指向自己。当事人有两种选择：第一，把侮辱当作是对自己的鞭策，鼓励自己做在别人眼里“不可能”的事；第二，任由侮辱侵蚀心灵，让自己沉沦下去。

日本人对失败、诽谤和排斥的敏感，使得他们经常对自己感到恼怒。最近几十年来，我们经常可以在日本小说中读到这样的情节：有教养的日本人沉浸在受辱后的愤怒中，并在悲伤和抑郁中辗转反侧，寝食难安。在这些故事中，主人公往往对一切都感到烦恼，对日常生活烦恼，对家庭烦恼，对城市烦恼，对农村也烦恼。之所以烦恼，并不是因为他们没能实现理想，而是他们的努力与理想中的目标相比，总是显得渺小可怜。它并非来自现实和理想的对立。他们只要具有追求重大使命的远景，厌倦情绪就会消失，不论这个目标多么遥远。日本人的这种厌倦感其实是一种心病，他们很容易感伤，其内心深处渴望排斥恐怖，却又不知怎么做。日本小说中有很多描写厌倦心理的细节，这与俄国小说中的细节不同。在俄国小说中，主人公的苦闷常常来自于现实和理想的对立。乔治·桑塞姆爵士（Sir George Sansom）曾经说，日本人缺乏现实和理想的对立感。他这样说并非为了解释日本人容易厌倦的根源，而是为了说明日本人的人生哲学究竟是怎样形成的，以及日本人对人生的态度。日本人这种观念与西方人是对立的，并且超出了一些特殊范畴，但他们容易感伤的特征却与这一观念密不可分。日本作家和俄国作家都喜欢在文学作品中描写有关厌倦的故事、心理或情节，这和美国人不同。

在美国文学作品中，这样的题材并不常见，主人公的不幸通常都与性格缺陷有关，或者来自社会的残酷虐待。但是，美国作家很少在作品中单纯描绘人对生活、对家庭、对城市与乡村的厌倦。那些人与环境不协调的情节也只是为了让读者能够从道义上谴责主人公的性格缺陷和社会秩序中存在的种种弊端。日本也有无产阶级写的小说，内容通常谴责社会不公正，或者谴责渔船上发生的可怕事件，等等。但是，就如一位作家说，日本小说通常都揭露了这样一个社会，在这个社会里，人们的情绪经常会爆发，并如同有毒的气体在空气中漂荡。作者不会在作品中分析主人公的经历及其周围环境，也不会试图探索主人公的心理阴影。作品里面的主人公的忧郁和不快说来就来，说去就去，他们认为这很容易理解，因为人都容易伤感。古代社会的英雄习惯向敌人进攻，如今，他们把这种向外的攻击性转变为针对自己内在的攻击。他们认为忧郁没有明确的原因，虽然有时候，他们可能会找一些事情充当原因，但这些事情留给人们的印象最多是一种象征。

在现代社会，日本人施加给自己的最极端的攻击性行为是自杀。他们以为，用适当的方式自杀可以洗刷“受辱”的污名，并在身后获得好评。美国人把自杀当作屈服于绝望后的自我毁灭，并予以谴责。但日本人尊重自杀，并认为自杀是光荣而有意义的行为。有时，从“名誉的情义”来说，自杀也是最体面的做法。新年逼近却无力还债的人；因某件不幸事故引咎自杀的官员；无法结合，只好双双以死殉情的恋人；以死抗议政府的爱国志士；等等，他们像没有考上中学的日本少年，或者像不愿当俘虏的日军士兵一样，对自己实施了最后的暴力行为。一些日本权威人士说：日本人的自杀倾向是最近才出现的。我们很难判断真实情况是不是这样。不过，根据统计数据，最近几年来，观察者对日本人的自杀频率做了高估。19世纪的丹麦和实行纳粹统治前的德国的自杀人数，远高于日本任何时代。不过，有一点可以肯定：日本人对自杀的“喜爱”，如同美国人“喜欢”对犯罪大书特书一样，二者在切身之感上都很相似。与杀别人相比，日本人对自杀更津津乐道。用培根的话说：“他们把自杀当成自己最喜欢的‘刺激性事件’（flagrant case）。”议论自杀可以使他们得到其他话题不能带来的满足感。

近代社会日本人的自杀行为，与他们在封建历史故事中的自杀行为相比更富有自虐性。在历史故事中，为了免受不名誉的死刑，武士会按朝廷的命令自杀，就像西方国家的士兵，宁愿被枪杀也不愿上绞刑架或者落入敌人手中遭受酷刑。日本政府允许武士剖腹自杀，如同不名誉的普鲁士军官也会被允许秘密自杀一样。普鲁士军官犯罪后，知道只有一死才能挽救名誉，于是，他的上级会在他的卧室里面的桌上放一瓶威士忌酒和一把手枪。日本武士也一样，死亡是注定的，但他们可以选择死亡的方法。在近代社会，自杀通常是指人主动选择死亡。自杀行为中的暴力指向自己，而非指向别人。在封建社会，自杀能够证明一个人的勇敢和果断。但在今天，自杀只不过是在主动选择自我毁灭。最近四五十年来，当日本人感到“世界混乱”“方程式的两边不相等”、需要靠“晨浴”洗净污秽时，就倾向于选择自杀，毁灭自己，而不是毁灭别人。

把自杀作为解决问题的最终手段，并争取获胜，虽然在封建社会和现代社会都有，但是在现代社会中，自杀的目的仍然在转变。德川幕府时代还有一个著名故事。幕府中有一位德高年迈的顾问，他是德川将军的监护人。有一次，为了能够让自己推荐的人继承将军职位，他在幕府其他顾问和将军代理人面前，露腹抽刀，准备剖腹自杀，以此作为威胁。他的威胁奏效了，他推荐的人当了将军，他达到了目的，他也并没有自杀。用西方人的话说，他用“剖腹自杀”的方式威胁自己的反对派并获得成功。在现代社会，这种自杀行为不再是一种谈判手段，而是为了某种主义献身。多数时候，当一种主张没有被采纳，或者对已经签字生效的协议表示抗议（如《伦敦海军裁军条约》），日本人就会自杀，以求留名史册。此时，只有实实在在的自杀，才能影响舆论；而非只是摆摆架子，威胁一下就能够奏效的。

“名誉的情义”受到威胁时，日本人会把攻击的矛头指向自己，这种倾向正在发展中，但是，它不一定就要借助自杀这样的手段。有时，自我攻击会表现为沮丧、意志消沉，以及日本知识界中流行的厌倦情绪，这种厌倦情绪在知识界中广泛蔓延是有社会原因的。在知识分子过剩的条件下，他们在日本社会等级制中的地位并不稳定，只有少数人能满足自己的愿望，实现雄心壮志。尤其是在20世纪30年代，日本政府总是怀疑他们有“危险思想”，这让他们更加感伤。他们经常把自己的抑郁归结为生活方式西化造成的混乱，但这种说法值得商榷。从具有强烈的献身精神，到具有极端的厌倦情绪，日本人的情绪波动非常典型。很多日本知识分子都有过这样的心理波动。在20世纪30年代中期，不少日本人还试图通过传统方法摆脱厌倦情绪。他们怀着国家主义目标，再次把攻击的矛头从自己内心转向外界。他们通过对外发动极权主义的侵略战争，重新“发现了自我”，似乎摆脱了恶劣心境，重新感觉到内心有一股全新的巨大力量。他们相信，在人际关系上做不到的，可以通过对外征服达到。

日本民族并没任何变化，他们的一切反应都是以自己特有的方式进行的。他们的情绪在顽强努力和消磨时光，自信坚强与极端消沉之间摇摆不定。这对于他们来说很自然。今天，日本人的注意力集中在如何维护战败的荣誉上，并认为只要采取友好的态度就能达到这一目的。很多日本人认为依赖美国是达到这个目的最安全的办法。他们认为努力反而会招来猜忌，不如消磨时光，于是情绪逐渐消沉。

可是，日本人并不欣赏消沉。“从消沉中站起来！”“把别人从消沉中唤醒！”这既是当前日本政府号召民众努力改善生活的口号，也是战争期间被广泛使用的宣传语。他们以自己的方式与消极无为斗争。1946年春天，有一份日本报纸连篇累牍地说：“全世界的目光正在注视我们！”可当时，日本被轰炸后的废墟上仍然堆积着瓦砾；很多城市的公用事业处于停顿状态，这对日本的名誉是沉重的玷污。日本政府仍然埋怨无家可归的难民，说他们意志消沉，夜宿街头，让美国人看到了可怜相。这种出于国家名誉之心的呼吁，日本人是能够理解的。为了将来能在联合国中占一席之位，他们也在倾注最大的努力。同样是为名誉，但方向不一样。如果未来在世界大国之间实现了和平，日本就能走向一条自尊自重的道路。

名誉是日本人恒久追求的目标，这也是他们获得尊敬的必要条件。至于为达到目标采用的手段，则视具体情况而定。情况变化，态度就变化，这对日本人来说不算什么道德问题。美国人热衷于“主义”和意识形态，即使失败，信念也不会改变。所以，欧洲人战败后，各处都在组织地下活动。日本人战败后，除了少数顽固分子，并没有组织抵抗，也没有在地下组织反抗美国占领军的活动。在道义上，他们不认为有坚持旧路线的必要。所以，日本被占领后没几个月，美国人即使单枪匹马乘坐拥挤的火车前往贫困的乡村，也不需要为安全问题担心，相反，日本官员还非常有礼貌地接待他们，从未对他们实施报复行为。美国人乘坐吉普车经过日本农村时，孩子们站在路边高喊Hello（你好）、Good-bye（再见）。虽然婴儿不会招手，母亲们也会拉着他们的小手向美国兵挥舞。日本人战败后态度180度的转变，令美国人难以置信。美国人恰恰无法做到这点。他们对此甚至比对日本战俘的态度转变，还感到不可思议。被俘后，日本战俘就认为自己“死了”。“死人”转变态度并不奇怪。而那些自称了解日本的西方人，几乎无人料到，日本战俘的性格变化竟然也会出现在战后的日本民众中。很多人以为日本人“只知道胜利或者失败”。对日本人来说，失败就是侮辱，要拼死报复。还有人认为：日本人的特点使他们不可能接受任何“妥协”条款。这些研究日本的人并没有真正弄懂其“情义”。在日本人为名誉做出的各种选择中，西方人只看到了复仇和侵犯。他们没有想到，日本人还会采取另外一种行为模式。他们将日本人对侵犯的观念与欧洲人的观念混为一谈。在欧洲人看来，任何个人与民族一旦战斗，就要确认战争的目的性与正义性，战斗的力量来自他们积蓄在心中的憎恨与义愤。

日本人对侵略却寻找其他根据，他们迫切需要在世界上获得尊敬。日本人看到，世界大国依靠军事实力获得尊重，于是就力求和这些国家并列。可是，日本技术落后、资源匮乏，为了能够与大国并列，只好采用残酷而毒辣的手段。他们付出了巨大的努力，但依然失败了。这也意味着发动侵略战争并不是一条能够获得名誉的正确之路。在日本文化中，“情义”有双重含义，一重含义是对其他个人、组织或国家使用侵略手段，一重含义是彼此遵守并保持互敬关系。战败时，日本人迅速从前者转为后者，并没有在心理上有任何压力，因为他们的目标仍然是为了名誉。

在其他历史场合中，日本人也有过类似举动，一样令西方人困惑。1862年，锁国政策刚拉开帷幕，一个名叫理查森（Richardson）的英国人在萨摩（生麦，位于横滨市）被杀。当时，一队萨摩藩士兵从一个村子经过，理查森准备从他们队列中穿过，发生了纠纷。萨摩藩是日本“攘夷”运动的发源地，萨摩武士傲慢、好战。理查森被杀后，英国派远征军去讨伐，并炮轰萨摩藩重要港口鹿儿岛。虽然在德川时代，日本人一直在制造武器，但他们的武器都仿制旧式葡萄牙枪。鹿儿岛的守军并不是英军对手，但英国人的炮轰却带来令人意外的后果，日本人并没有誓死报复，而是向英国人寻求友谊。因为他们亲眼看到英国人的强大，要向英国人求教。日英开始通商。第二年，日本还仿效英国建了一所西式学校。当时一位日本人这样说：这所学校“教授西方学术文化……因‘萨摩事件’产生的英日友好关系日益发展”。“萨摩事件”就是指英军炮轰鹿儿岛的战争。

除了萨摩，日本另外一个同样以好战、排外著称的长州藩也发生了类似的事。长州藩也产生了不少“王政复古”的领导者。当时，没有实权的天皇发布了一道敕令，限以1863年（阴历）5月11日为期，命令幕府将军把所有外国人赶出日本。幕府将军没有理睬这道命令，长州藩却实行了命令。长州藩的守军从要塞开始，向经过下关海峡的西方商船开炮。日本人的火炮和弹药质量实在不怎么样，虽然受到猛烈炮轰，外国商船却毫发无损。为了“惩罚”长州藩，西欧各国的联合舰队迅速击毁长州藩要塞，并索要300万美元的赔金。但长州藩最后和萨摩藩一样，日本人不但没有坚持报复，反而和西欧国家结成了友好关系。诺曼论述这两件事时，写道：“这些地区曾经是‘攘夷’的先锋，此时都发生了巨大转变，不管他们的动机多么复杂，其行为都证明了他们的现实主义和冷静态度，人们对此只能表示敬意。”

现实主义的日本人善于适应情况变化，这是他们在对待“名誉的情义”时表现得开明的一面。“情义”像月亮，也有光明面和黑暗面，其黑暗面是日本人把美国限制移民法和伦敦海军裁军条约，都看成是侮辱，并促使日本人发动了一场不幸的战争；其光明面是日本人能够以善意的态度对待1945年的投降，并理智接受后果。在行为方面，他们一如往昔，遵循自己的民族传统文化和行为习惯。

近代日本作家和评论家在“情义”的各项义务中，选择了部分内容介绍给西方读者，这部分内容主要是“武士道”，即“武士之道”。正因为这种介绍才让西方人对日本人有某些误解。“武士道”的名称在近代社会才出现。它和“迫于情义”“完全出于情义”“为情义竭尽全力”不同，并不具有深厚的民族感情基础，也不具备“情义”的复杂性与多样性。它只是评论家们的一时灵感，再加上“武士道”曾经是日本国家主义分子和军国主义分子的口号，所以，随着他们信誉扫地，“武士道”也受到质疑。这并非说日本人不再懂“情义”，相反，西方人更应该在这个时候对“情义”有更深刻的理解。西方人对“情义”的误解还来自他们将武士道和武士阶级等同起来。“情义”是日本所有阶级的道德标准，和其他义务与法律一样，身份越高，要负担的“情义”责任就越重。但是，所有阶层都要讲“情义”。在日本人看来，“情义”对武士的要求比对平民更高。国外的观察家却认为：“情义”似乎对日本普通百姓的要求才是最高的，因为百姓获得的回报最少。在日本人看来，只要能在各自所属的圈子和阶层内受到尊敬，就是充分的回报。“不懂情义的人”会受到同伴的蔑视和厌恶，是“可悲者”。

第九章　日本式的人情

日本人极端要求回报义务和自我约束，似乎坚决把私欲当罪恶，并要求人们从内心铲除它。古典佛教的教义就是这样。但是，日本人却对感官享乐持宽容态度，这无疑令人惊异。因此，信仰佛教的日本人的道德伦理，似乎又与释加牟尼及其佛典是对立的。日本人不谴责满足私欲，因为他们不是清教徒。他们也认为肉体享乐是好事，值得培养。他们追求享乐，尊重享乐，但又认为享乐要适可而止，不能干扰到人生大事。

在这种道德标准下，日本人的生活处于高度紧张状态。印度人比美国人更能理解日本人感官享乐的后果。美国人认为，享乐不需要学习，拒绝感官享乐是克制诱惑。事实上，享乐和义务一样需要学习。在很多文化体系中，享乐不需要有学习的过程，人们更容易倾向于自我牺牲。有时甚至连男女肉体吸引也受到严格限制，但这并不影响家庭生活的圆满和幸福。对他们来说，婚姻基础与爱情基础完全不同。日本人却不一样，日本人一边鼓励享乐，一边限制将享乐当成生活方式并沉溺其中。

于是，日本人处理生活就不再容易。日本人把肉体享乐当成艺术，但在体验了其中的乐趣后，又会牺牲享乐，为义务献身。

在日本人喜欢的享受中，有一项是洗热水澡。不管贫穷的农民，还是卑微的仆人，或者贵族富豪，每天晚上都习惯将自己浸泡在滚烫的热水中。泡热水澡时，他们大都使用木桶。木桶放在炭火上，木桶中的水温可以达到华氏110度或者更高。入浴前，先把身体洗干净，再把全身浸泡到热水中，并尽情享受温暖与舒适。他们会在木桶中如胎儿抱膝而坐，让水浸到下颌。他们每天都洗澡，这已成为他们的生活习惯。虽然美国人对个人清洁也很重视，但日本人的洗澡艺术却是其他各国难以媲美的，用日本人自己的话说：年龄越大，情趣越浓。

不管他们在洗澡方面如何节省费用和劳力，都不会减少“入浴”这个环节。在城镇中，一些公共浴池像泳池那么大，他们在里面一边洗澡，一边谈笑风生。在农村，往往由几名妇女轮流在院子里烧洗澡水，几家人轮流入浴。他们不在乎洗澡时会被别人看见。上流家庭中的入浴也必须严格遵守顺序。最先是客人入浴，然后是祖父、父亲、长子，最后才是地位最低的佣人。出浴时，他们浑身被泡得通红，就像煮熟的虾。入浴结束后，全家人坐在一起，共同享用丰盛的晚餐。

和洗热水澡一样，他们也重视锻炼，甚至每天洗冷水浴。日语中，洗冷水浴被称为“寒稽古”（冬炼），或者“水垢离”（冷水洗身锻炼）。今天，日本人洗冷水浴的形式已和从前不太一样，但这个习惯仍然流行。以前，日本人必须在黎明前出门，前往并坐在冰凉的山间瀑布下。冬夜，即使房里没有取暖设备，他们也会往身上浇冰凉的冷水。这种苦行不可小觑。帕西瓦尔·罗威尔记述了曾经在19世纪90年代流行的这种习惯。一些日本人并不是为了当僧侣或当神官才用冷水浴磨练自己，而是为了治疗某些疾病，或者为了像传说中那样获得预言能力。他们在每晚睡觉前冷水浴，并在每天凌晨二时的“众神入浴”时间再起床作冷水浴。每天早晨起床后、中午时分、日落时分，也要分别进行一次冷水浴。以前，那些急于学会乐器，或者急于学会其他谋生手艺的人，都会在每天黎明时分“修炼”这种“苦行”。还有人为了煅炼身体，裸露在严寒中。日本人认为正在练字的儿童更需要煅炼，哪怕把孩子的手指冻僵或者长冻疮，也要让孩子坚持这种“苦行”。据说这种教育方式非常有效。即使在现代社会，日本小学也没有取暖设施，据说是为了煅炼孩子们的意志，只有这样，他们将来才能忍受各种苦难。所以，日本孩子经常感冒、流鼻涕，这给西方人留下了深刻印象。日本人的文化传统和生活习惯，决定了他们只能这样。

日本人还喜欢睡觉。不管哪种姿势，他们都能舒服地睡着。有时，甚至在我们根本不可能入睡的情况下，他们也能睡得很香。这令许多研究日本的西方学者惊奇。美国人认为失眠和精神紧张联系在一起，按他们的标准，高度紧张的日本人为什么又能轻松入睡呢？日本人晚上睡得很早，在东方国家中，像他们这样的并不多。在农村，很多村民通常在日落后不久就开始睡觉。美国人认为，睡觉是为了给第二天积蓄精力。但日本人早睡却并非这个原因。有一位对日本人很了解的西方人写道：“在日本，你千万不要认为今晚的睡眠是为了明天的工作。睡眠就是睡眠，不要把它与消除疲劳、休息、保养等联系在一起。”就像在工作中遇到的不同提案，睡眠只是一个“单独的提案”，它与其他任何事无关。美国人认为睡眠是为了补充并维持体力。很多美国人早晨醒过来，第一件事就是计算睡了多少个小时。他们认为，睡眠时间长短决定了白天的精力和工作效率。但是日本人睡觉不是为这样的目的。日本人喜欢睡觉，只要没人打扰，他们就能高高兴兴入睡。

日本人也能毫不犹豫牺牲睡眠时间。例如，学生准备应考时，会通宵看书，根本不会想睡觉，也不认为只有睡好了才能考好。在军队，训练第一，睡眠第二。从1934年到1935年，杜德（Harald Doud）大尉曾在日本陆军部工作。他谈到与手岛上尉的一次交谈。他说："平时演习时，部队常连续行军三天两夜，行军途中除了十分钟小憩，以及短暂的间歇可以稍微打一下盹，根本就不能睡觉。有时，士兵们会一边走一边打瞌睡。曾经有名少尉一边走一边睡了过去，竟然撞到了路边的木堆上，引起一阵大笑。回到军营后，士兵们还是不能睡觉，而是被分配去站岗或巡逻。我问：'为什么不让一部分士兵先休息呢？'上尉回答我说：'不需要，他们知道怎样睡觉，现在要训练他们不睡觉。'"这段话生动描绘了日本人对待睡眠的观点。

和取暖、睡觉一样，日本人既把吃饭当享受和休息，也把吃饭当成严格的训练。闲暇时，日本人喜欢烹调各种菜肴，每道菜的色、香、味都非常讲究，每道菜都会配一把羹勺。但有时，他们又强调用吃饭训练自己。埃克斯坦（G.Eckstein）曾引用一位日本农民的话说："快吃快拉是日本人的美德"，"吃饭不是大事……只是为了维持生命需要，所以要尽快把饭吃完。要让孩子们快点吃饭。男孩尤其要吃快点。不要像欧洲人那样，总让孩子慢慢吃饭"。在佛教寺院中，僧侣们吃饭前要进行感恩祈祷，并把食物当作良药，即在修行中的人不能把吃饭当享受，只能把吃饭当作是维持生命的需要。

日本人认为强行绝食是检验意志的好办法。就像不要暖气，不要睡眠一样，绝食也能锻炼忍受苦难的能力，正如我们在前面说过，武士要"口含牙签"。日本人认为只要能够经受绝食的考验，体力不但不会因热量、维生素的缺乏而下降，反而会因精神的胜利得到提高。美国人认为营养和体力一一对应，但日本人不这样看。所以在战争时期，东京广播电台向躲在防空洞内避难的人宣传说，做广播体操可以帮助饥饿的人恢复体力和元气。

浪漫主义的恋爱也是日本人培养“人情”的方式，并成为他们的一种文化习惯。不过，这种浪漫的恋爱形式，与他们对待婚姻的态度，要履行的义务完全相反。日本小说中有很多这样的题材。日本文学作品的内容与法国文学作品的内容相似，主人公大多数是已婚的。日本人喜欢阅读和谈论“为情而死”。《源氏物语》创作于10世纪，是一部描写爱情的著名小说，可以与当时世界其他著名小说媲美。

在封建社会，大名和武士们的爱情故事也充满浪漫色彩。今天，这一题材仍然能在当代小说中看到。当然，日本文学与中国文学不同。中国人往往不愿谈论浪漫主义的爱情和性享乐，对此持否定态度。因此，中国人的人际关系中少了许多人际纠纷，家庭生活也平稳和谐。在这方面，美国人更理解日本人而非中国人。但是，美国人的理解又很肤浅。在性享乐方面，日本人既没什么禁忌，也不太爱谈伦理道德。但美国人却把性与伦理道德联系在一起。他们认为，像其他“人情”一样，只要把“性”放在人生的低微位置就可以了。“人情”不是罪恶，享受性也没有必要讲究伦理道德。在英美人眼中，日本人收藏的很多画册都是淫秽物品，认为吉原（日本艺伎和妓女集中的地方）简直就是人间地狱。日本人重视这样的评论。从开始和西方人接触，日本人就重视西方人的评论。为了让自己的生活与行为习惯更接近西方人的标准，他们还特地制定了一些法律。但是，日本人和西方人的差异仍然存在，法律也不能消除这种差异。

有教养的日本人不把性享乐当作是不道德的、猥亵的事。但英美人不这样看。可能日本人没有意识到，英美人对性的习惯态度，与日本人的“人情与人生大事无关”的信条，有不可逾越的鸿沟。所以，英美人往往很难理解日本人对待恋爱和性享乐的态度。在日本人看来，妻子与性享乐是两个不同的范畴，两方面都要公开、坦率。这点与美国不同。在美国人的生活中，妻子可以公诸于众，性享乐必须掩人耳目。日本人认为妻子属于“义务的世界”，性享乐属于“消遣的世界”。在这个范围内“各得其所”，使妻子和性享乐不仅对家中的模范父亲适用，也对市井之中的花花公子适用。日本人并不像美国人那样把恋爱和结婚当同一件事。美国人的恋爱观建立在择偶基础上，“相爱”就是结婚的理由。婚后，假如丈夫和别的女人发生肉体关系，就是对妻子的侮辱，因为丈夫把应该属于妻子的东西给了别人。但是日本人不这样认为。选择配偶时，他们听命于家长。日本人和妻子的关系通常要遵守清规戒律。不管家庭多么融洽，孩子们都看不到父母之间与性爱有关的行为表现。正如一位日本人在一本杂志中写的：“在我们这个国家，结婚只是为了生儿育女，传宗接代。其他任何目的都会歪曲婚姻的真实含义。”

可是，这不意味着日本男子必须循规蹈矩过这种生活，他们只要有钱就可以找情妇。和中国封建社会不一样，日本人不会把自己喜欢的女人带回家。如果这样做，就会将“妻子”与“性享乐”混杂在一起。他们的情妇可以是精通音乐、舞蹈、按摩的艺伎，也可以是妓女。如果是艺伎或妓女，他必须与她的雇主签订契约，保证为她提供金钱，为她另筑新居，不能轻易遗弃她。如果她有了孩子，男人希望这个孩子能与自己其他孩子共同生活，那么他可以把女人接回自己的家。她进门后不是妾，而是佣人。她的孩子将正式夫人称为“母亲”，而不会承认与她的关系。这与中国封建社会的一夫多妻制不同。对待家庭的义务与“人情”，日本人在空间上也泾渭分明。

只有上流社会中有钱的日本男人才能养情妇。多数日本男人只能不时地与艺伎或妓女一起玩乐，这种玩乐也是公开的。丈夫外出玩乐时，妻子会替他梳洗打扮。妓院可以把账单送给他的妻子，妻子会照单付款，而且她视为理所当然。妻子内心可能会不快，但也只能自己烦恼。日本男人去艺伎那儿玩，比去妓院玩花的钱更多。与艺伎玩乐或共度一夜，费用并不包括性行为。和多才多艺、能歌善舞的艺伎在一起，男人得到的是“艺术性”的享受。如果要和艺伎进一步亲近，就必须先成为艺伎的保护人，签订契约，并在契约中规定艺伎从此成为男人的情妇。当然，有时候也有艺伎先对男人动心而自愿“献身”成为情妇。在艺伎处玩乐并不排除色情之事。艺伎的歌声、舞蹈、仪态等，都对男性极具挑逗性，艺伎们的很多行为都是上流社会女子不具有的。男人沉浸在这种“人情世界”中，会从“孝的世界”给予的压力中得到解脱，感到放松。但是，两个不同的范畴，不同的领域，必须被分得清清楚楚。

妓女们住在烟花巷中。男人与艺伎玩乐后，意犹未尽，会再去妓院。妓院费用低，钱少的人会时常到妓院里玩乐。妓女的相片被挂在外面，游客们可以对相片进行品评、挑选。妓女的身份和地位很卑微，比不上艺伎。大多数妓女都是因为家境贫寒被卖到妓院的，她们没有受过艺伎那样的训练，不懂音乐、舞蹈、艺术。从前，妓女们会坐在人群面前，面无表情地面对顾客，听凭顾客对她们的肉体进行挑选。后来，日本人注意到西方人对此的非议，就把她们的相片挂在妓院外供人挑选。

男人可以挑选妓女，和妓院签订契约，成为妓女的保护人，妓女成为男人的情妇。艺伎和妓女都受契约保护。但是，如果男人看中的是女侍或女店员，不需要契约，女侍或女店员就可以做他的情妇。她们这种“自愿情妇”没有任何保障。她们通常以“恋爱”的方式和男人在一起，但却被排斥在公认的“义务世界”外。对日本人来说，这类“自愿情妇”类似于在美国被情人抛弃的年轻女性，或者那些不幸的私生子的母亲。

在日本人的传统“人情”中还有同性恋。以前，在武士、僧侣等上等阶层中，同性恋被视为享乐。明治时期，日本人为了获得西方人的认同，就将一些旧行为习惯宣布为非法，同性恋也在其中。但在今天，同性恋仍然被当作“人情”之一。除了将它限制在一定范围内，不让它妨碍家庭，日本人并不会认真对待。日本人不像西方人那样对同性恋感到担忧。有些男性自愿选择做职业男妓。在美国，一些成年男子在同性恋中充当被动角色让日本人感到惊异。日本的成年男子搞同性恋，大多会选择少年。他们认为，成年男性充当同性恋中的被动角色有损自尊。日本人的标准与美国人不同，但那毕竟是他们自己的标准。只要不伤害到自尊，什么事情都可以做。

日本人还把“酗酒”当“人情”。美国人发誓戒酒，日本人认为这是怪异的想法。美国人投票号召禁酒，日本人也觉得奇怪。日本人认为饮酒是人生的乐趣，正常人都不会反对。但日本人只把饮酒当作小消遣，认为正常人不应该被饮酒困扰。根据他们的逻辑，就像不用担心搞同性恋会真的变成同性恋一样，也不用担心饮酒会让人变成酒鬼。所以，日本没有强制酒精中毒这类社会问题。喝酒只是他们的消遣，是愉悦的，日本家庭和社会都不会厌恶或嫌弃醉酒的人。他们也几乎不会在酒后胡来，很少打孩子。在日本经常可以看到他们把严格的礼仪规范抛弃到一边，纵情于歌舞，开怀畅饮。

某些时候，他们也很古板，并对饮酒和吃饭作了严格规定。他们一旦开始吃饭就不再饮酒。饮酒和吃饭也是两个不同的世界，被分得很清楚。在自己家里，他们有时也会饭后饮酒，但不会一边饮酒一边吃饭。他们习惯把吃饭和饮酒这两件事分开享受。

日本人信奉的神也具有善恶两面性。日本最有名的神是天照大神（女神），她的弟弟素盏鸣尊是一位“勇猛的男神”。这位男神对姐姐很粗暴，在西方神话中几乎可以被视为魔鬼。他住到天照大神的房间里，天照大神怀疑弟弟用心不良，想把他赶走。于是，他开始胡闹，在姐姐的饭厅里拉大便，还毁坏稻田的田埂，这可犯了滔天大罪。最让西方人不理解的是，他竟然还在姐姐卧室的屋顶上挖了个窟窿，并把男性生殖器从窟窿扔进姐姐房里。他干尽了坏事，受到了众神的审判，被处以很重的刑罚。众神将他赶出了天国，把他驱逐到“黑暗之国”。但是他仍然受人喜爱、尊重。虽然这样的神在世界神话中很常见，但在非常讲究伦理道德的宗教中，却会被排斥在外，因为人们普遍习惯把超自然的东西分到善、恶两个不同的阵营中。是非分明更符合善与恶的宇宙斗争哲学思想。

日本人却始终否认在人的德操中包括善与恶的斗争。几百年来，日本哲学家和宗教家不断宣扬说：善与恶作斗争的道德观并不适用于日本。日本人的道德观比其他的更优越。他们说：中国人建立了以“仁”为基础的道德观，提高了“仁”的地位，即公正、慈爱等行为在道德标准中的地位，并把“仁”作为绝对标准。以“仁”为标准，有缺点的人都能“看到”自己的不足。他们还说：“这种道德观适用于中国人，因为中国人有劣根性，需要这种人为的约束手段。”这是18世纪日本神道家居宣长说的。在近代社会，日本的佛教家和国家主义分子分别就同类主题发表过演说或写过专著。他们说：日本人的本性是善，值得信赖，没有必要与恶斗争。只需要保持心灵干净，让言行举止适合各种场合。如果容忍污秽，污秽就很容易被清除干净，人的善性会再度闪光。与其他国家的佛学相比，日本人更主张人人皆可成佛。他们认为道德不存在于佛经中，而在于每个人的悟性，以及取决于人的心灵是否干净。既然这样，又何必怀疑自己呢？恶并不是与生俱来的。《圣经》中有一句话：“我来自罪孽，在母亲怀上我的时候，我就有了罪。”日本人的道德观中没有这一概念。他们也不会对人的堕落进行说教。他们认为“人情”是上天赐予的幸福，不应受到谴责，不管哲学家还是农民，都不应对这种“幸福”加以谴责。

在美国人看来，这些言论一定会导致自我放纵。但是，就像我们在前面说过，日本人把履行义务看作人生最高义务，相信“报恩”必须牺牲个人欲望与享乐。他们不会把追求幸福当作人生的重大目标，认为这样不道德。他们认为幸福只是一种消遣，不能把人的幸福与否作为判断国家和家庭的标准。如果这样做就不可思议。他们知道，为了履行“忠”“孝”“情义”要时常忍受苦难。虽然人生不容易，但他们也早有准备。他们认为经常放弃并不是什么坏事的享乐，需要坚强的意志，而坚强的意志是一种美德，受日本人称颂。

一些日本现代战争片也经常表现这类主题。美国人看了这些电影后，经常会说这是最好的反战宣传片。因为在这些影片中，主题只有牺牲与苦难，没有阅兵式、军乐队、舰队演习，以及用巨炮鼓舞人心等场面。在日本战争影片中，不管是关于日俄战争的，还是关于中国事变的，都只有一个基调：日军在泥泞中行进，进行惨烈的苦战，在胜负未卜中忍受煎熬，等等。银幕上没有胜利的镜头，看不到士兵高喊“万岁”冲锋。人们只能看到可怜的士兵们要么深陷在泥泞中，要么露宿在中国小镇的街头。有的影片描写一家三代经历了三次战争后幸存下来的人，要么成了瘸子，要么成了盲人。有的影片描写的士兵死后，他的家人们如何聚在一起，为他哀悼——妻子哀悼丈夫，父亲哀悼儿子，女儿哀悼父亲，家里失去了维持生计的支柱，但是家人们仍然需要鼓起勇气活下去。影片中看不到英美骑兵们的动人场面，也很少有关于伤残军人如何康复的故事，甚至还有很多影片的内容根本不涉及战争目的。在日本观众看来，只要银幕上的人物处处表现努力报恩就足够了。因此，这些电影是军国主义分子的宣传工具。制作电影的人也知道，这样的电影并不会在日本观众中激起和平反战的情绪。

第十章　道德的困境

从日本人对“忠”“孝”“情义”“仁”“人情”的态度及其要求的道德规范，可以一窥他们的人生观。就像在地图上划分势力范围一样，他们似乎也以为“人的义务的整体性”可以被划分成若干领域。在他们看来，每个人的人生都是由“忠的世界”“孝的世界”“情义的世界”“仁的世界”“人情的世界”及其他诸多“世界”组成的。每个“世界”都有一套特定而详细的行为规则。评价他人时，他们并不会从整体人格上去评论，而仅仅会说某人“不懂孝”或“不懂情义”等。美国人批评别人时，有时会说别人“不正派”，但日本人不这样，他们会明确指出某人究竟在哪个“世界”中的行为“不正当”。日本人不会用“自私”“冷漠”之类的词语评价一个人，而是明确指出某人究竟在哪个道德领域内违反了规定的行为准则。行为只有符合与之联系的道德领域的行为标准，才会受到称赞。在西方人眼里，日本人为了“孝”，行为可能会是一种方式；为了“情义”或“仁”，行为可能又会是另一种方式。日本人每个道德领域内的行为准则，都会随情况的变化而变化，相应的行为规范也会变化。家臣没有受到主君侮辱时，对主君的“情义”需要尽最大的忠诚；如果家臣受到主君的侮辱，就可以背叛主君。1945年8月14日日本投降前，日本人对“忠”的要求是坚持战斗到最后，哪怕只剩一兵一卒。可是，当天皇宣布投降，日本人对“忠”的要求就发生了变化，并对美国占领军表现出令人意外的顺从与合作态度。

西方人很难理解这一点。在西方人的经验中，人的行为来自本性。美国人可能会按照“老实”与“不老实”，“合作”与“固执”之类的标准区分“绵羊”和“山羊”。美国文化对每个人都作了分类，并要求每个人表里如一，行为始终如一，要么慷慨大方，要么吝啬小气；要么主动合作，要么疑虑重重；要么是保守主义分子，要么是自由主义分子。美国人认为，如果信仰一种政治理想，就必然会反对其他政治理想。根据美国人在欧洲战场上的经验，那里既有合作派，也有抵抗派，美国人并不相信合作分子会在战争胜利后改变立场，事实也确实如此。美国内政斗争中也出现过“新政派”和“反新政派”，即使在新形势中，这两派都会继续按各自的宗旨行动。如果有人改变立场，例如不信教的人变成了天主教徒，激进分子变成了保守主义分子，等等，这种转变都被称为“转向”。一旦“转向”，就要重新建立与之相适应的人格。

虽然西方人关于行为完整性的理论没有得到过充分论证，但并非幻觉。在很多文化体系中，不管是原始的还是开化的，人们都会把自己的行为归属于某一个特定种类。如果追逐权力，就会把别人是否服从自己的意志，或者对自己服从的程度，作为衡量自己成败的标准。如果希望受人尊敬和爱戴，就要与不同人接触，否则会有挫败感。他可以把自己想象成严肃正派的人，或者有“艺术家气质”的人，或者家庭中的优秀一员，等等。他们的性格通常都具有某种“风格”，并给人类社会带来秩序。

但是，日本人从一种行为“转向”另一种行为时，不会在心理上感觉痛苦。西方人对他们这种能力感到费解。西方人几乎没有走过极端，在西方人眼里，日本人的生活处处充满矛盾，而且矛盾根植在他们的人生观中，就像同一性根植在西方人的人生观中一样。关键问题是，西方人应该认识到，在日本人划分的道德领域或生活“世界”中，不包括“恶的世界”，他们并非不承认有坏的行为，只是从来就不把人生看成是善与恶较量的舞台。他们只把人生当戏，在这场戏中，一个“世界”与另一个“世界”，一种行为与另一种行为是平衡的，每个“世界”和每种行为规范在本质上是善的。他们相信，只要每个人都能遵循本能，每个人都是善良的。就像我们在前面说过的，日本人认为，中国人的道德标准来自于中国人的需要，中国人的道德标准证明中国人的劣根性，而日本人却不需要中国人那样的伦理规范。用桑塞姆爵士的话说就是：日本人“不愿意纠缠于恶的问题”。他们认为，即使不站在宇宙的高度上，也一样能够对坏行为加以证明。每个人的内心世界都有道德的光辉，就像刚磨砺出来的刀，如果不经常对“刀”加以磨砺就会生锈。他们认为，人类“自身的锈”如同刀上的锈，都不是好东西。所以，人必须对自己的本性加以磨砺，就像勤于磨刀一样。心灵就算生了锈，也仍然会在“锈”的下面发光，只要勤于磨砺，就能够使心灵熠熠生辉。

因为不了解日本人的人生观，所以阅读日本民间神话、小说与戏剧作品时，西方人就很难理解其中的意义，除非先对这些作品加以改写，让作品内容符合西方人性格中的同一性以及对人性善恶相斗的要求。可是日本人并不这样认为，他们总是在作品中围绕主人公陷入“情义与人情”“忠与孝”“情义和义务”的矛盾进行讨论。他们认为主人公的失败是因为沉溺于“人情”，忽视了“情义”，或者忠孝不能两全。这些主人公要么迫于“情义”放弃正义，要么迫于“情义”牺牲家庭。实际上，这些矛盾是两种不同义务的矛盾，两种义务都具有约束力，都是善的。很多时候，主人公对二者的选择，如同欠债人还钱时，如果面对多如牛毛的债务，就必须选择先偿还一些债务，暂时不管别的债务。但是，还清了一些债后，并不能免除其他未还的债务。

日本人对这些故事主人公的看法与西方人不一样。在西方人的观念里，好人是因为选择了善，并与恶斗争。西方人说“有德者胜”，善有善报，故事的结局通常是圆满美好的。但日本人喜欢另外一类故事主角，这些主人公既亏欠社会恩情，又不能有悖名誉，对二者无法调和时只好一死了之。在其他一些文化体系中，人们会认为这类故事是在教人屈服于残酷的命运。但日本人却认为这类故事在激励人的精神，鼓励人要具有坚忍不拔的意志。所以，日本文学作品中的主人公往往先尽一切力量，忽视别的义务，完成肩负的义务，最后再和被忽视的义务进行清算。

《四十七士》是一部日本叙事诗，虽然它在世界文学中的地位并不高，但在日本却家喻户晓，几乎每个日本儿童都知道这个故事，他们既了解故事梗概，也熟悉故事细节。这部叙事诗在日本广为流传，并被改编、拍摄成各种电影、戏剧等。四十七士的墓地成为日本著名的圣地，每年都有成千上万的人去那里凭吊致祭，人们留在这里的名片几乎使墓地变成一片白色的海洋。

《四十七士》的核心主题是对主君的“情义”。对日本人来说，它描绘了“情义”与“忠”、“情义”与“正义”的矛盾冲突（在这些冲突中，胜的是“信义”），以及“单纯的情义”和“无限的情义”的冲突。故事发生的时间是1703年日本封建社会鼎盛的时期。在日本人的观念里，那个时代的男人都是顶天立地的大丈夫，他们对“情义”毫不含糊。故事中的四十七位勇士为了“情义”，不惜牺牲名声、父亲、妻子、妹妹、正义，最后以自杀的方式尽“忠”。

那时，各地大名要定期觐见将军。有一次，将军任命两位大名主持觐见仪式，其中一位是浅野侯。两位大名都不熟悉仪式，只好向吉良侯请教。吉良侯也是一位大名，在幕府中担任要职，身份很高。浅野侯有一个非常有才能的家臣名叫大石，如果大石在主君身边，一定会替主君作周密安排，可大石返回家乡去了，不在浅野侯身边。浅野侯不谙世故，向吉良侯请教时没有赠送重礼。同时，另外那位大名向吉良侯请教时，因为他的家臣通晓人情世故，所以提前给吉良侯献上重金。于是，吉良侯就不愿意指导浅野侯，并故意让他在举行仪式时穿上违规的服装。浅野发现自己受了侮辱，愤怒之中拔刀砍伤吉良的头。从“名誉的情义”上说，浅野受辱向吉良报复是一种德行；但他在将军的殿上拔刀动武却属于“不忠”。虽然浅野正当履行了对“名誉的情义”，但是按规定，他必须剖腹自杀向将军谢罪，否则就是“不忠”。于是，他回到府中，换好衣裳，作好剖腹自杀的准备，等那位他信任的、既富有才智又具有忠诚的家臣大石回来，就剖腹结束了自己的生命。他死之后，没有任何亲属愿意继承他的家业，因为他不忠于将军，受到谴责。他的封地也被没收，他的家臣成了无主的浪人。

按照“情义”的标准，浅野剖腹时，他的家臣有义务随主君剖腹自杀。主君是出于“名誉的情义”剖腹自杀，如果家臣也以对主君的“情义”自杀，就是在抗议吉良对浅野的侮辱。然而，大石认为，仅仅剖腹自杀并不能表现对主君的情义，应该杀死吉良，为主君报仇。但是，吉良是将军的重臣，将军不会允许浪人们杀死吉良复仇，如果他们坚持这样做，就是对将军不忠。根据日本当时的法律，要报仇的人必须先写好计划，拟定报仇日期，向上呈报。一般来说，复仇计划会得到默认，并要求报仇的人在期限内完成计划，如果到了期限还没有复仇，报仇的人就必须放弃。

正是这一法令，曾在很大程度上协调了日本人在“忠”与“情义”方面的矛盾。但是对大石他们来说，这条路却行不通。于是，大石想了另外一个办法。他把浅野生前的家臣召集起来，却并不对他们提“杀人”计划。浅野生前的家臣大约有300多人。在日本学校1940年的教材中，曾说这300多人当时一致表示愿意为浅野剖腹自杀。但是，大石的心里清楚，他们对浅野并没有“无限的情义”，日语中就是“讲情义和真诚”的人，如果让他们都去对吉良实施报复并不可靠。为了知道哪些人具有“单纯的情义”，哪些人有“信义和真诚”，大石就想了个方法试探，问他们浅野留下的财产如何分配。如果他们想瓜分浅野的财产，就不会愿意为浅野剖腹自杀。结果，家臣们在财产的分配上产生了激烈争执。家臣中俸禄最多的是家老，以他为代表的人主张按照家臣们的俸禄多寡分配财产；但以大石为代表的这派人则主张平均分配财产。于是，大石迅速弄明白家臣中哪些人对浅野只具有“单纯的情义”。大石马上赞成按照家老的分配方案分配财产，并同意他们分得了财产之后离开。家老等人离开了，他们被称为“武士败类”“不懂情义的人”，还获得了“无赖”等恶名。只有47个人自始至终坚持为主君报仇。他们和大石一同盟誓，保证不管在什么情况下都要为浅野复仇，绝不背弃誓言——“情义”成为他们的最高准则——他们最后还滴血盟誓。

要复仇就要先让吉良丧失警惕。他们分开行动，各奔东西，假装丧失了进取心，不再追求名誉。大石常常往来于低级妓院，打架闹事，不顾体面，还假借为了放荡的生活与妻子离婚，他这样做也是为了不在最后把妻子牵连进去。无奈中，大石的妻子只好哭泣着与丈夫分手，大石的儿子也做了一名浪人。

当时的东京城里，人人都在猜测他们打算如何报仇。尊敬他们的人都深信他们一定会杀死吉良。可是，大石和那47个人都矢口否认想杀吉良的企图。他们伪装成不懂“情义”的人，他们的行为还令他们的亲人愤慨，有些人的岳父甚至取消了女儿的婚约，并将他们赶出家门。朋友也嘲讽他们。有一天，大石的一位好友看见他喝得酩酊大醉，在妓院里和女人胡闹。即使面对亲密好友，大石也坚决否认要为浅野报仇，完全不承认对主君的“情义”。这位好友又问他是否要报仇，他回答说：“报仇？我才没那么蠢呢！人生应该及时行乐，饮酒取乐才最快活啊！”朋友不相信他的话，把他的刀从他腰上的刀鞘中抽出来。朋友以为，如果刀刃闪闪发光，就证明他没有说真话。但是，朋友失望了，大石的刀已经生锈了。朋友相信了大石的话，为了表示对他的鄙视，甚至在大街上公开踢他，向他吐唾沫。

为了筹集报仇的资金，一个家臣还将自己的妻子卖给妓院。这位被卖的妻子的哥哥也是四十七士之一。当他得知妹妹已经了解复仇的计划后，为了向同伴证明自己的忠诚，竟然准备用刀将妹妹杀死。为了不泄露复仇的秘密，还有一位家臣将岳父也杀死了。为了能够了解吉良的日常安排和行程，另外一位家臣把自己的妹妹送到吉良家中做女侍，给他们当内应。当然，完成了复仇计划后，这位可怜的女子也必须自杀，因为她假装侍候过吉良，必须以死洗刷污点。

在12月24日这个下雪的夜晚，吉良在家里大摆酒宴，负责保护他的武士们喝得酩酊大醉。浅野的家臣们趁此机会进攻吉良府，杀死警卫，冲进吉良的卧室。吉良不在卧室中。浅野的家臣们发现他的被褥中还有余温，知道他仍然藏在府中，就四处寻找。最后，他们发现在一间存放木炭的小屋内躲着一个人。浅野的一位家臣将长矛刺进小屋的墙壁，但是等长矛拔出来后，却没有发现长矛上有血。这是怎么回事呢？原来，长矛刺中了吉良，但是长矛拔出来时，吉良却用衣袖擦去了血迹。不过，浅野的家臣们仍然把他抓了出来。他一再狡辩说自己不是吉良，是家老。这时，浅野的另一位家臣想起浅野生前曾经在将军的殿上砍伤过吉良，吉良的身上一定留有伤疤。他们在他身上找到了那处伤疤。

确认他是吉良，要求他当场剖腹自杀。可是，吉良拒绝了，这说明他是一个胆小怕死的人。浅野的家臣们用主君剖腹自杀的刀砍下吉良的首级，然后依照武士惯例，把刀清洗干净。最后带着刀和吉良的首级，排着整齐的队伍前往浅野的坟墓。

他们的行动让整个京都为之震惊。那些怀疑过他们、鄙视过他们的人，包括亲人、抛弃他们的岳父等，都争先恐后前来和他们拥抱，向他们表达敬意。在他们前往浅野墓地的途中，各地诸侯都盛情接待他们。他们来到浅野墓前，献上了敌人的首级和复仇的刀，宣读了对主君的祭文。祭文中说：

> 四十七士于主君灵前谨拜（中略）。在主君的复仇事业没有完成前，我们没有颜面来为您扫墓。为了复仇，我们心中焦虑，一日如同三秋……今天，我们把敌人吉良的首级献给您。这把短刀是主君曾经使用过的，您嘱咐我们妥善保存。我们用它为您复了仇。今天，我们再把这柄短刀奉还于您，愿您在九泉之下，再用这柄短刀去斩敌人的首级，永远为遗恨昭雪。谨祷。

他们报答了对主君的“情义”，但仍然需要再尽“忠”。因为他们违背了国家法令，没有事先将复仇的事呈报上去，所以，他们只能一死尽“忠”。但是，他们没有背叛“忠”。“忠”要求的行为规范，他们都严格遵守了。将军命令大石和四十七士剖腹谢罪。在日本小学五年级的日语课本中，有这样一段话：

> 他们为主君报了仇，他们情义坚定，应该成为世人的典范……于是，幕府再三考虑后，为了一举两全，命令他们剖腹自杀。

他们亲手结束了自己的生命，他们对“情义”和“义务”都做出了最高回报。

《四十七士》有很多不同版本。版本不同，文字、情节也各有差异。在一些改编的现代影片中，故事开始时，浅野向吉良行贿的情节被改编成了吉良追逐浅野的妻子。而且影片里的情节是，吉良对浅野的妻子心怀不轨才故意让他犯错，让他受辱。影片把吉良收受贿赂的情节删掉了，但是有关“情义”的义务，却被描绘得更加深刻。为了情义，日本人可以抛妻、弃子、杀父。

其他许多日本故事和影片也以“义务”和“情义”的冲突作为情节基础。有一部历史片取材于德川幕府第三代将军。这位将军继位时年纪还小，没什么经验。当时，幕府大臣们对继位人选有两种不同的意见，其中一派想拥立这位将军的一位近亲，并反对将军继位。他们失败后，其中一位大名牢牢记着失败的“侮辱”。将军很聪明，随着年纪增长也越来越有才干。但是，那位当年持反对意见的大名却一直想杀死将军复仇。有一天，他接到通知，说将军准备到他的属地巡视，作为大名，他必须亲自接待将军。于是，他想抓住这个机会为“名誉的情义”报仇雪恨。他想尽一切办法，把自己的府第变成一座要塞，把每个出口都层层封锁。他甚至安排人，打算在将军经过时，故意推倒屋墙，让倒塌的墙把将军及其随从压死。虽然他在表面上对将军的接待极为隆重，但他的阴谋却在暗中进行。宴席上，他还让一位家臣为将军舞剑助兴，并让家臣在舞剑中找时机杀死将军。按照“信义”，舞剑的家臣不能违抗主君命令，但是，“忠”

不允许他杀死将军。影片中，通过舞剑的姿势，人物的矛盾心理被刻画得惟妙惟肖：家臣必须遵守主君的命令杀将军，但却又不能；他屡次想行刺将军，却又屡次不能。虽然他有“情义”，但“忠”的强大力量也制约着他。最后，家臣舞剑的姿势越来越乱，引起将军和随从的怀疑。将军便带着随从突然离开座位。大名铤而走险，下令毁坏房屋。将军虽然躲过了舞剑的人，却又将被垮塌的房屋压死。在这紧急关头，舞剑的家臣走上前来，带着将军等人从地道中安全脱险。“忠”战胜了“情义”。将军让人向这位家臣表示谢意，并要他前往京都接受封赏和荣誉，然而，他拒绝了，说：“我必须留在这里，这是我的义务，也是我的信义。”于是，他离开将军，跳入垮塌的房屋中死去。死令他既尽了“忠”，也尽了“情义”，让最后的结局“两全其美”。

日本古代故事并没有把义务和“人情”的冲突作为核心。但在近代，它却成为文学作品的主要题材。近代日本小说中，往往描写的都是主人公为了“义务”和“情义”，不得不抛弃爱情与人情。今天，这种题材在文学作品中不但没有被减弱，反而被大加渲染。正如日本战争片常让西方人误以为是反战宣传片一样，这些文学作品也经常让我们以为日本人在追求一种渴望按自己意志生活的自由。这些作品也证明日本人确实有这样的意向。他们在讨论小说和电影情节时，看法和我们不一样。主人公的爱情、理想得不到圆满结局时，我们往往表示同情，但在日本人看来，这样的主人公只不过是生活的弱者。他们认为，过于重视感情就必然不能履行“义务”或“情义”。很多西方人认为，强者会反对陈规陋习，为了获得幸福而克服障碍。但日本人认为只有为了履行义务抛弃个人幸福的人才是强者。他们认为反抗并不意味着具有坚强的性格，坚强的性格表现为和谐。所以，看了日本人的文学作品和影片后，西方人感悟到的意义与日本人是不同的。

日本人评价自己和身边熟人时，也会使用同样的标准。他们认为，当欲望和义务冲突时，只有弱者才会迷恋个人欲望。他们几乎对任何事都是这样判断的。日本人与西方人的伦理道德观最不同的是丈夫对妻子的态度。在日本人“孝的世界”中，父母是中心，妻子处于边缘。日本人认为道德品质优秀的男人必须首先遵守“孝道”。如果母亲要儿子与妻子离婚，儿子不管多爱妻子，即使已经有了孩子，也必须离婚，据说这样才能让他更坚强。日本人有这样一句话：“为了孝道，丈夫可以把妻子视为陌路。”此时，丈夫对妻子的态度最多只属于“仁的世界”，妻子却不能提任何要求。结婚后，不管家庭生活多么幸福，在“义务的世界”中，妻子也不能位于中心地位。所以，日本男人不能把自己和妻子的关系，与他和父母的关系等同，也不能与他对国家的感情等同。20世纪30年代，有一位著名的自由主义者在公众面前说：他对回到日本感到高兴，因为终于可以和妻子团聚了。结果他受到很多人的批评。日本人认为，他应该表示回到日本之所以高兴是因为又看到了父母，看到了富士山，以及能够为了国家使命献身。对妻子的感情并不属于这样的“情义”。

实际上，在近代社会，日本人对于自己强调道德准则的不同层次和范围，也不太满意。在日本人的教育中，有很大一部分内容都要求把“忠”变成最高道德标准。和政治家把天皇置于最高位置，并且为了简化等级制废除将军及封建诸侯一样，为了简化义务，也在道德领域中把较低层次的德行放在“忠”的范围下。他们希望能够通过这种方法，把全国民众置于对天皇的崇拜之下，使日本道德体系中多层次的分散状态得以改变。政治家们还试图说服日本民众，只要实现了“忠”，其他义务就完成了。他们不仅要让“忠”变成地图上的“势力范围”，也要让“忠”成为日本人道德拱桥之上坚固的“拱心石”。

1882年（明治十五年），天皇颁布的《军人敕谕》就是有关这种道德标准的最权威的宣言。和《教育敕语》一样，它是日本人真正的圣典。日本没有任何一个宗教有自己的“圣典”，即使国家神道也没有，日本佛教的教义是“没有文字的教义”，和尚们以反复诵念“南无阿弥陀佛”“南无妙法莲华经”等，代替佛教的经典。但是，对日本人来说，明治时期天皇的“教谕”和“敕语”却是真正的圣典。宣读它们时，气氛异常神圣庄严，听众们毕恭毕敬，鸦雀无声，他们对“教谕”和“敕语”的重视及尊敬程度，就像基督教徒们对待《摩西十诫》和《旧约五书》一样。日本人捧读“教谕”和“敕语”时，必须先把它们恭恭敬敬取出来，读完后再恭恭敬敬放好。读的时候，哪怕无意中念错一句话也要引咎自杀。《军人敕谕》是颁赐给现役军人的。每名军人都要逐字逐句背诵，每天早晨要默想十分钟。在重要的祭祀日、新兵入伍时、士兵服役期满后复员，以及在其他类似场合中，都要隆重宣读《军人敕谕》。在学校里，学生们也要学习《军人敕谕》。

《军人敕谕》有好几页，条目框架非常清晰，文字措辞非常严谨。虽然如此，西方人读它时仍然很费劲，因为很多意思都弄不懂，很多内容似乎都自相矛盾。西方人能够理解的是被作为目标的善与德，以及对它们的说明。《军人敕谕》告诫日本军人说：不要重蹈古代那些死得并不光彩的英雄的覆辙，因为他们“并不知道公道之理，空有私情之义”。这是来自日本官方的翻译，虽然不是逐字逐句翻译的，但却表达了原文的意思。《军人敕谕》中还说：“这一类事例，你们一定要深深引以为戒。”

如果对日本人各种义务的“势力范围”不理解，可能就不知道它是什么意思。在《军人敕谕》中，官方尽力贬低“情义”，努力提高“忠”在军人和民众中的地位。在这份《军人敕谕》中，“情义”几乎一次也没出现过。文中只字不提“情义”，只强调“大节”和“小节”。“大节”就是“忠”；“小节”就是“空守私情之义”。《军人敕谕》极力向民众证明“大节”可以成为一切道德的标准。它说，“所谓‘义’就是要履行‘义务’”，尽“忠”的军人一定具有“真正的大勇”。“真正的大勇”就是“日常待人要温和，要得到别人的敬爱”。《军人敕谕》还暗示说：只有遵从这些行为规范，才不用向“情义”求助。“义务”以外的都是“小节”，对待“小节”必须慎重、谨慎行事。《军人敕谕》还写道：

> 如果既要遵守诺言（在私人关系上），又要尽到义务……从一开始就要慎重考虑诺言和义务是否可行。如果把自己束缚在不明智的义务中，会让自己进退维谷。如果既不能遵守诺言，但又要坚持义的话，就应该放弃（私人的）诺言。自古以来，惨遭不幸的英雄豪杰，之所以身死名裂、遗羞后世，都是因为他们只知道信守小节，不能够分辨大义，或者虽然知道公道之理，却徒守私情之义。这样的例子实在太多了。

这段文字对“忠”高于“情义”进行解释。就像在前面说的，《军人敕谕》中并没有提到“情义”。所有日本人都知道“情义”，知道“为了情义，我不能够行义”。《军人敕谕》把这点改成了：“如果确信不能遵守诺言，而又要坚持义……”《军人敕谕》借天皇的权威说：在这种情况下应该抛弃“情义”，因为情义是小节。只要遵循《军人敕谕》的教导，抛弃“情义”，维护“大节”，就是有德之人。

《军人敕谕》宣扬了“忠”，并成为日本的基本文件之一。不过，我们很难说它委婉对“情义”所作的贬抑，是否能削弱“情义”对日本人的深刻影响。日本人经常引用《军人敕谕》中的话对自己或他人行为进行解释与辩护。例如："义，就是履行义务""心诚万事成"。虽然他们每次引用的话似乎都很恰当，但是，很少有人引用《军人敕谕》中要人们反对信守私人诺言的告诫。今天，"情义"在日本人的心中仍然是有权威的道德。对日本人来说，"此人不懂情义"之类的话是一种严厉的批评。但是，并非引进"大节"就能简化日本人的道理伦理体系。就像日本人常夸耀的那样，日本没有一种现成且普遍适用的道德标准，可以作为善行的试金石。在世界很多文化中，人的自尊是以善良、节俭、事业成就等作为标准的。他们通常会对自己提出一些人生目标，比如幸福、控制他人的力量、自由、社会活动能力，等等。但是，日本人遵循的准则更特殊，不管在封建社会，还是在《军人敕谕》中，即使谈到"大节"时，他们也只是认为对等级制中上等阶层的义务，压倒对下等阶层的义务。西方人通常认为"大节"是忠诚，是对待忠诚的忠诚，而非对某特定个人或特定目标的忠诚。但日本人不是这样。

在近代社会，日本人试图建立一种能够统治一切领域的道德标准，他们经常在道德体系中选择"诚"。大隈伯爵谈论日本人伦理道德时说："诚（まこと）"最重要。所有道德准则的基础都被包含在'诚'字中。在古代日本语中，表达伦理道德概念的词只有"诚"。20世纪初，近代日本小说家讴歌西方个人主义新思潮，可是现在，他们也开始对西方人的道德信条感到不满，并努力赞美以"诚"（诚心）为基础的道德伦理，并认为它是道德中唯一的"主义"。

《军人敕谕》支持的在道德上强调"诚"。《军人敕谕》中有一段具有历史意义的前言，相当于美国华盛顿、杰斐逊等人在某些文件中写过的序言。这段话阐述了"恩"和"忠"，如："朕赖汝等为股肱，汝等仰朕为首领。朕能否保护国家以报上天之恩，报祖宗之恩，端赖汝等克尽其职。”

《军人敕谕》接着又阐述了五条训诫：（一）德的最高要求是履行“忠”的义务。军人如果不“忠”，不管他有什么才能都只是一名傀儡。军队如果不“忠”，遇到紧急情况时就会像乌合之众。“故不可惑于横议，不可干预政治，务求保持忠节，牢记义重于山，死轻于鸿毛”；（二）军人要按照军阶、遵守礼仪。“下级应视上级军官之命令如朕意，上级军官亦必须善待下级”；（三）军人要武勇。真正的武勇不同于“血气之刚”。军人要“小敌不侮，强敌不惧”。“故尚武者，与人交往应以温和为先，以资得人敬爱”；（四）军人要“勿守私情信义”；（五）军人要节俭。“大凡不以质朴为旨者，必流于文弱，趋于轻薄，崇尚骄奢，终致卑鄙自私，堕落至极。虽有节操、武勇，亦难免被世人唾弃……朕心忧此恶习，故而谆谆诫之”。

《军人敕谕》的最后一段文字把上面五条训诫称为“天地之公道，人伦之纲常”，是“我军人之精神”。五条训诫的核心“精神”就是“诚”。“心不诚则嘉言善行徒为文饰，毫无效用；唯有心诚则万事可成”。五条训诫就是这样“易守易行”的。《军人敕谕》列举了一切德行和义务后，又把一切归结于“诚”，这是典型的日本人的特点。中国人把一切道德归于“仁爱”之心，日本人不这样，他们先确立义务的准则，再要求人们全心全意地为履行义务倾注全部心灵和精力。

在佛教的禅宗教义中，“诚”也具有相同的意义。在《铃木论禅》的专著中，有一段禅宗师徒的问答：

> 僧问：“吾视猛狮袭敌，不问其为兔为象，皆全力以赴，请问此力何物？”
>
> 师答：“‘至诚之力是也’（字面意义是‘不欺之力’）。

至诚即不欺，亦即‘献出一切’。禅语谓之‘全体作用’，即不留一物，毫无矫饰，绝不虚费。如此生活者可称作金毛狮，乃刚勇、至诚、至纯之象征，神之人也。”

我们在前面说了“诚”的含义。日文中的“まこと”（诚）与英语sincerity的含意不一样。和sincerity相比，“まこと”（诚）的内涵既广泛又狭窄。在西方人看来，“まこと”（诚）在日语中的内涵要比英语中的内涵窄，日本人如果说某人没有诚意，常常指那人和自己意见不一致。这种看法有一定道理。在日本人眼里，某人的“诚实”并不一定是他能根据自己的爱憎、决断、怀疑来采取行动。美国人表示称赞时常说“He was sincerely glad to see me”（他见到我心里很高兴）或“He was sincerely pleased”（他衷心的满意），但是日本人没有这样的说法。

日本人用很多语言表示他们对“坦诚”（sincerity）的反对。他们用一种嘲讽的口气说：“你瞧那只青蛙，张开嘴就知道它肚子里有什么”“和石榴一样，裂口就知道里面有什么”。在他们看来，一个人过于流露感情是羞耻的行为，因为流露感情会让别人更了解自己。在美国，凡是与sincerity有关的含义都非常受重视，但是对日本人来说却没有什么意义。我们在前面讲过，曾经有名日本少年为了前往美国求学，受到美国传教士的嘲笑，使他认为传教士不够sincere。可是，他没有想到，传教士的本意并不是想嘲笑他，只是对一个身无分文的穷孩子渴望去美国求学的理想感到惊异而已，他不知道这个日本少年想前往美国求学是真是假。最近十年来，日本政治家总是批评美国人和英国人缺少诚意，可是，日本人从来没有想到过，英美两国是否正按照他们的真实感受在行动。日本人没有指责说英国人和美国人都是伪善的人。在日本人看来，伪善是对人的轻微责难。因此，《军人敕谕》中说：“诚乃诸项训诫之精神。”意思是说：诚是各种道德训诫的基础，在所有德行的实践中，都必须真心实意，要从内心出发，言行一致。但这一点并没有要人们在不顾信念的情况下保持真实。

日本文化中的“诚”也具有积极意义。日本人很重视“诚”在道德伦理中的作用，所以，西方人研究日本人的伦理道德时，应该牢牢把握这个词的含义。在《四十七士》中，“诚”的含义得到了充分体现。在这个故事中，“诚”是以“情义”为基础的。但是，“真诚的情义”和“单纯的情义”有区别。“真诚的情义”是能够永远成为“典范”的“情义”。今天，日本人仍然经常说：“诚使一切保持下来。”从这句话的文意来看，“诚”是日本人的道德和精神基础。

战争年代，日本人在隔离收容所中对“诚”的用法，与《四十七士》中对“诚”的用法是一样的。我们由此知道，日本人对“诚”的逻辑几乎可以任意延伸。但是，它的含义与美国人对“诚”的用法相反。那些在日本出生又移居到美国的人，对那些出生于美国的第二代日本移民持批评态度，认为第二代日本移民缺乏“诚”。他们认为，在美国出生的第二代移民并不具有“日本精神”，似乎也不具有保持这种“日本精神”的心理素质。当然，他们的意思并非指这些出生在美国的第二代移民的亲美态度是伪善的。在战争年代，这些出生于美国的日本第二代移民总是踊跃参加美国军队，他们以一种真实的热忱对美国予以支持。大概也正因为如此，第一代移民更振振有词地认为第二代移民“不真诚”。

日本人使用“诚”这个词时，含义通常是指在传统道德观和“日本精神”的指导下遵循的人生道路。不论“诚”在特定词句中具有怎样的特殊含义，都可以理解为是对公认的“日本精神”的颂扬，或者是对日本传统伦理道德观的颂扬。虽然“诚”并不具有美国人通常所指的含义，但在日本文献中却值得我们注意，它确实也是一个有用的词。“诚”与日本人强调的各种好德行在意义上是等同的。他们经常用“诚”称赞那些不追逐个人私利的人。这在某种程度上反映了日本人不提倡追逐私利的态度。在日本，如果利润不是从等级制中获得的，人们就会认为是来自于剥削，从中渔利的中介人也会被视为令人讨厌的放高利贷的人。他们经常指责这种人“不诚实”。他们在称扬某人不会感情用事时，也会使用“诚”这个词。这一切都在某种程度上反映了日本人对自我修养的态度。诚实的日本人大概都不会接近那些可能会伤害自己的风险。从中也能看出日本人的信条，他们不仅对自己的行为负责任，也对行为后果负责任。在日本人看来，只有“诚实”的人才能够领导别人，才能够有效运用手腕，才不会纠缠于内心的心理冲突。而这又直截了当表明日本人的伦理道德观具有同质性。这告诉我们，在日本，只有实践规定的准则才有实际效果，不会导致冲突。

对日本人来说，“诚”具有这么多含义，所以，尽管《军人敕谕》作了明确规范，还受到大隈伯爵的推崇，但“诚”并没有对日本人的伦理道德体系进行实质性简化。“诚”既不是日本道德伦理的基础，也不具有实质性精神。它就如同数字上的指数，可以使数字成倍增加。例如：A的二次方（A^2）既可以是9的二次方，也可以是159或b或x的二次方。“诚”也一样，日本人的道德观因为它而被提得更高。但是在日本人的伦理体系中，“诚”又不是独立的，而是信徒对教义的一种狂热态度。

日本人的道德体系并没有因为他们的努力，就使其多层次的分散状态得以改变。虽然行为本身都是善的，但在他们的道德规范中，仍然需要行为的各个步骤保持平衡。他们建立的伦理体系就像桥牌一样。优秀选手既要遵守规则，又要在规则许可的范围内获胜。优秀选手和水平较低的选手的区别是：进行推理训练时，他们能够遵循竞赛规则，利用自身的知识，判断其他选手的出牌，并对其出牌的意义进行判断，从而决定自己出哪张牌。用西方人的话说，就是要按照“霍伊尔”规则进行比赛，每次出牌前，都必须考虑许多细枝末节。比赛规则还包括：尽管随时可能出现偶然性，但记分方法可以事先确定。此时与美国人认为的内心的善意反而没什么关系。

不管哪种语言，人们在表达丧失自尊或获得自尊时，使用的词汇能帮助我们了解这个民族的人生观。日本人说“尊重自己”常常是指自己是一位谨慎的人；但在英语里，“尊重自己”是指为人处世的准则，既不讨好别人，也不撒谎，不提供伪证，等等。日本人的“自重”就是“自己要慎重”，意思是说：仔细想好事情中的一切因素，避免招人讥笑，也避免失去成功的机会。日本人对“尊重自己”行为的看法是与美国人相反的。单位或企业员工如果说“我必须自尊”，意思是不要对老板说不恰当的话，以免让自己难堪，而不是说必须坚持自己的权利。作为政治用语，“你应该自尊”的意思是：凡是“身负重任的人”，必须小心谨慎，不要轻率谈论“危险的思想”。如果谈论了危险的思想，就不够“自重”了。但是，在美国人眼里，“自重”却并不意味着危险的思想，而是要求每个人都应该根据自己的观点和原则思考和行动。

日本父母经常对子女们说“你应该自重”，这是在教育孩子要懂礼貌，不要辜负别人的期望。日本人要求女孩子坐着时不能乱动，两腿的位置必须摆正；男孩子必须经常锻炼身体，学会察言观色。父亲会对孩子说“今天的行为决定未来”，或者说“你的行为不像一个自尊的人”。如果父亲说后一句话，就是批评孩子的行为欠端庄，而不是批评孩子缺少勇气或者坚持自己的意见。

如果农民还不起债，就会对债主说：“我应该自重。”他的意思不是责备自己懒惰，而是责备自己要对债权人卑躬屈膝以及做事欠考虑。

如果一个有地位的人说“我的自尊心要求我这样做”，他的意思不是指他一定要按正直、廉洁的原则办事，而是说他在处理事情时，必须周全考虑门第等问题，并能对自己的身份有一个正确认识。

一名实业家谈论自己的公司时，如果说“我们必须自重”，意思是必须谨慎小心行事。如果想要复仇的人说“自重地报仇”，他的意思也不是指“要把炭火堆在敌人头上”，或者打算遵守什么样的道德原则，而是说在复仇前必须周密计划，考虑一切因素，能够“彻底复仇”。在日语里，“自重再自重”的语气非常强烈，意思是要千万小心，非常谨慎，不能轻易下结论。“自重再自重”还意味着必须对各种办法和手段加以权衡，争取恰到好处地达到自己的目标。

这些“自重”的含义都符合日本人的人生观与人生态度，他们认为在每个人的人生中，都应该谨慎小心地按照“霍伊尔”原则做事。由于他们对“自重”持有这些观点，所以失败时，不允许以用心良好为理由辩解。他们的一举一动都是有后果的，所以，他们在采取行动前总会先考虑后果。对他们来说，虽然向人施恩是高尚的事，但在施恩前必须考虑周全，不能使受恩的人感到自己“背上了恩情债”。批评人的时候，也要事先在心理上准备好因此而承担来自对方的怨恨。就像前面说过的，当年轻的画家指责传教士的嘲笑时，即使有人替传教士辩解，说传教士的笑是善意的，也没有什么用处。传教士嘲笑这个年轻人的时候，可能根本就没考虑过后果，就是被认为没有修养，没有诚意。

如果要把自重和谨慎等同，就要细心观察别人的一切暗示。在别人批评自己时，要对此有强烈的感觉。日本人认为，“一个人之所以要自重，是因为每个人都生活在社会中”，“如果没有生活在社会中，自然不需要自重”，等等。虽然这些观点都比较极端，但也表明他们对自重的要求来源于外界环境的强制，他们很少考虑正确的行为也需要每个人对自己进行内省。正如许多国家中的俗语一样，日本人的这些说法也难免夸张。因为日本人有时就像清教徒，他们对自己深重的罪孽也具有强烈的反应。不过，上面这些极端说法也近一步告诉我们日本人重视什么。与其说日本人重视“罪”，不如说他们更在乎“耻”。

人类学家研究各种文化时，往往会区别对待以“耻”为基础的文化和以“罪”为基础的文化。如果一个社会制定了绝对的道德标准，并且依赖于人们良心的培养，那么这种文化就是“罪感文化”。在这个社会里的人，例如美国人，在做了根本算不上罪恶的事情之后，也会感到羞耻。或者是因为穿着不得体，或者是因为说错话，他们都会感到懊悔。

在以耻为主要约束力的文化中，人们也会对那些在我们眼里应该是犯罪的行为感到懊悔。这种懊恼可能非常强烈，但却不能像消灭罪恶感那样，可以通过仟悔、赎罪等方式得到解脱。通过忏悔，犯罪之人能够减轻自己的负担。世俗世界的心理治疗和许多宗教团体都在使用这种手段，尽管二者在其他方面鲜有共同之处。在我们这里，忏悔可以带来解脱。但是，在以“耻”为主要强制力的地方，犯了错误的人，不管是当众认错，还是向神父忏悔，都不会感到解脱。另一方面，他们也会认为，只要自己的不良行为没有公之于众，那么他就不会感到任何烦恼。所以，以“耻”为道德基础的民族没有坦白忏悔的习惯，甚至不像西方人那样对上帝忏悔。虽然他们会为幸福祈祷，但却没有习惯为赎罪祈祷。

在以“耻”为基础的文化中，人们依靠外部强制力做善事。而在以“罪”为基础的文化中，则依靠内心深处对罪恶感的反应来做善事。羞耻是在别人批评自己时产生的反应。如果对自己感到羞耻，通常是因为当众受到了嘲笑、侮辱、排斥，或者是感到自己受人嘲笑了。不管哪种情况，羞耻都是一种有效的强制力量。但是，羞耻感一般要在有其他人时，或者至少要感到有其他人存在时，才会产生。罪恶感却不是这样。

对一些民族来说，“名誉”是指按照内心真正的理想生活。在这种文化体系里，即使恶行没有被其他人发现，自己也会有罪恶感，而且这种罪恶还会因为坦白忏悔得到解脱。

早期移居美国的清教徒们曾经努力把所有道德都放置在罪恶感的基础上。几乎所有精神病学者都知道，当代美国人总是因为良心而苦恼。在今天的美国，人们对罪恶感已经不像从前那样敏感了，但对羞耻感的反应却越来越强烈。美国人认为这种现象的产生是源于道德松弛。虽然这种解释有一定道理，但那是因为我们没有指望道德能建立在羞耻感的基础上。那些伴随耻辱感出现的强烈的个人懊恼，也并不被纳入道德的基本体系。

可是，日本人却把羞耻感纳入了道德体系。对日本人来说，如果不能遵守各种明确的善行规范标准，不能平衡各种义务，不能预见偶然失误，都是耻辱。日本人说知耻是德行的根本，对耻辱的敏感性会使善行得以实践。日语中的“知耻之人”，有时在英语里被译成“有德之人”（virtuous man），有时也被译成“重名誉的人”（man of honor）。日本人道德观中的耻感等同于西方人道德中的“纯洁良心”“笃信上帝”“回避罪恶”等。日本人相信自己死后不会受惩罚，除了那些读过印度佛教经典的僧侣，日本人对前世功德、今生受现报的“轮回观”非常陌生。只有少数皈依了基督教的日本人，才相信人死后会受到报应，也会有天堂和地狱。

耻辱感在日本人的生活中具有重要意义。如同那些看重耻辱的部落或民族，任何人都注重社会对自身行为的评价。日本人会推测别人的判断，而且会针对别人的判断调整自己的行动。当每个人都可以按相同的游戏规则做游戏时，或者能够互相支持时，他们就会感到轻松愉快，而且会参与其中。但是，如果他们感到做事是在履行“使命”时，态度就会变得异常狂热。他们试图将自己的道德观强加于其他民族时，就受到了猛烈的攻击。因为那些民族并不承认他们的道德观。所以，他们的“善举”在“大东亚”地区失败了，使命失败了。事实上，许多日本人对中国人和菲律宾人采取的态度确实让人愤怒。

一些前往美国经商或求学的日本人来到这个国家并不是受国家主义感情的驱使。当他们试图在这个道德观并不是那么严格的社会中生活时，经常感到自己从前接受的“细致周到”的教育是一种“失败”。他们也认识到，自己的道德观并不能顺利得到美国人的认同，事实上，所有文化上的改变对任何人来说都是困难的，而他们在美国遭遇的却远远比这大得多。与中国人、暹罗人相比，日本人适应美国人的生活方式更困难。这种困难在于：日本人是在一套让人感到“安全”的社会习俗和行为规范中长大的，在他们的社会里，只要按规矩行事，就能得到别人的认同。可是，美国人对礼仪和规范并不在乎，他们不知如何是好。日本人千方百计在美国人的生活方式中寻找与自己的生活方式类似的细节，如果找不到，他们就会感到愤怒，也会感到愕然。

来自日本的三岛女士在她的自传《我的狭岛祖国》中出色描写了她在美国文化中的种种体验。她渴望前往美国留学，并说服了保守的家庭。她排除了“不愿受恩”的观点，接受了美国学校的奖学金，进入了卫斯理学院。她说，在学校里，老师和同学对她很亲近，但这让她不安。她在自传中说：“对日本人来说，只要操行没有缺陷，就会对自己感到骄傲，但是我的自傲却让我受到了严重的伤害。在这里，我不知道该怎么做，对于我从前的经验，周围所有人似乎都在嘲笑。我因此烦恼。除了烦恼，我的心中再也没有其他感情。”在美国，她感到自己“似乎是来自外星的生物，原有的感觉和情绪完全用不上。来自日本生活方式的教养，要求我任何动作都要文静，每句话都要符合礼貌要求，因此，这也让我在新环境中非常敏感，非常警觉，我常常不知所措”。结果，她用了两三年的时间才解除了紧张状态，开始习惯接受别人的好意。她相信，美国人的生活中存在着一种“优美的亲密感”，可是，这种“优美的亲密感在我三岁时就被当作不礼貌扼杀了”。

三岛女士把她在美国结识的日本女性和中国女性做了对比。她说：美国人的生活方式对中国女性和日本女性的影响不一样。中国女性“具有沉稳的风度和社交能力，而这点恰恰是很多日本女性欠缺的。中国上流社会中的女性，几乎每个人都具有如同皇家贵族般的仪表，仿佛她们才是这个社会真正的主人，这也使我感到她们是这个世界上最文雅的人，即使在以高度机械化和速度为代表的文明中，她们也不为所动。中国女性的安详与沉着，和日本女性的怯懦、拘谨形成了强烈对比，并显示出不同社会背景的差异”。

三岛女士和很多日本人一样，在美国，她从小学到的社会习俗和文化礼仪规范等全都用不上。她强烈地感到，从前学的东西不能被带到新环境中。她在日本国内接受的教育在美国似乎毫无用处，因为美国人根本不需要那些东西。

日本人只要接受了美国人的行为规范，哪怕只接受了一丁点儿，再回到日本那套繁琐的礼仪规范中，就不容易了。他们将自己过去的生活比喻成“失去的乐园”，也有人说是“桎梏”，还有人说是“牢笼”，也有人将它比喻成“盆栽的小树”。小树被培植在花盆中时，就是一件精致的庭园艺术品；一旦被移植到地上，不再是盆栽，就感到小树不能再成为日本庭园中的点缀，不能再适应从前环境的要求。于是，他们自然也经历了道德上的窘境。

第十一章　自我修炼

在国外观察家看来，对一种文化中的自我修炼似乎没有什么意义。虽然修养的方法显而易见，可为什么要给自己找那么多麻烦事儿呢？为什么一定要把自己吊在挂钩上？为什么一定要专注于丹田？为什么要让自己过着过于简朴的生活？为什么只专注于一种苦行，却对别人认为重要的、应该修炼的东西置之不理，比如对某种冲动进行控制？特别是那些在自己国家里从来没有学习过什么修养方法的观察家，当他们来到一个对行为修养异常重视的国家后，很容易产生误解。

美国人不具备自我修养的悠久历史，自我修养的方法也不多。在他们看来，如果能在生活中找到可以实现的目标，在必要的时候就会对自己进行锻炼，从而达到目标。但是，要不要进行修养训练，则取决于一个人的理想、良心，以及所谓的“职业本能”（an instinct of workmanship）。例如，为了成为足球运动员，可以接受严格的训练；为了成为音乐家，或者为了获得事业成功，可以将所有娱乐抛诸脑后。良心会让一个人放弃邪恶和轻率的念头。

对美国人来说，自我修养这门功课与做算术不一样。他们不会考虑特殊事例，只会把自我修养作为一种技术加以练习。他们掌握的修行方式大都是由欧洲教派的领袖，或者专门传授印度教修炼方式的印度教牧师（swamis）教的。在今天的美国，已经看不到那些由基督教的圣特丽萨（Saint Theresa）或圣胡安（Saint John）传授和实践的默想式与祈祷式的宗教修行方式。

在日本人看来，不管是参加中学考试的少年，还是参加剑术比赛的人，哪怕是贵族，除了要学习考试规定的内容，还要进行自我修养训练。不管考试成绩多好，不管剑术多么高超，不管礼貌多么周到，他们都必须放下书籍、竹刀，或者其他社交活动，专门进行自我修养训练。在西方人眼里，这是一种神秘的修炼。事实上，并非所有日本人都要接受这种修炼。可是，对他们来说，有关自我修养的术语和实践活动，却在他们的日常生活中占有极其重要的地位，即使对于那些从不修炼的日本人也如此。在日本各个社会阶层中，几乎每个人都会用日本文化中流行的那套自我克制理念来判断自己和他人。

日本人的自我修养主要有两大类，一是培养能力，二是比培养能力可以给予更多东西的修炼，我将之称为“圆熟”。在西方人眼里，这两种自我修养训练差别不大，但是对日本人来说却有差别。它们的目标不同，能够产生不同的心理效果；它们的依据不同，能通过不同的外部标识加以识别。对能力的培养，我在这本书中已经列举了不少事例。例如：一位日本陆军军官谈到士兵们平时的演习经常长达六十多个小时，而在这个过程中，休息时间仅仅只有十来分钟时，说：“他们已经会睡觉了，现在需要煅炼的是不睡觉。”在西方人眼里，这是一种极端要求，它的目的也仅仅是为了培养一种行为能力。但是那位军官讲的是一种被日本人公认的行为准则，即精神驾驭术，认为人的意志可以驾驭几乎能忍受一切的肉体，为了达到这个目的不惜牺牲健康，并且对忽视了健康、肉体就会被伤害的原则不予理会。日本人的“人情”几乎全是以这种观念为基础。他们认为，不管健康条件是否允许，不管肉体是否允许，更不管肉体是否经过特别培养和训练，肉体的要求都要服从于人生大事，即为了发扬日本精神，每个人都可以任何形式的自我修养为代价。

不过，这样叙述日本人的观点也许有点过于武断，因为，在美国人的日常用语中，“不惜以任何自我修养形式作为代价”（at the price of whatever selfdiscipline）的意思通常是“不惜任何自我牺牲”（at the price of whatever selfsacrifice），并且含有“用一切办法自我克制”的意思。美国人认为社会化的男人和女人都必须从小进行自我修养训练，不管是由外部环境强加的，还是由他们内心自发产生的，不管他们是主动接受，还是由外界权威强迫他们接受，都必须如此。自我修养训练要求抑制一些欲望，欲望受抑制时，内心可能并不会满意。可是，为了自我修养必须做出牺牲。当然，强烈的反抗情绪也在所难免。这种观点不仅是很多美国心理专家的看法，也是父母教育子女时常要用到的人生哲学。孩子们到了一定时间就必须睡觉，孩子只要从父母的态度就能知道睡觉意味着自我压抑。在很多家庭里，小孩每晚睡觉都难免吵吵闹闹，以此表达自己的不满。作为已经受到“训练”的美国儿童，他自然知道人都“必须”睡觉，但他还是会反抗。母亲会要求孩子吃一些必须吃的东西，比如燕麦粥、菠菜、面包、桔子汁等，然而，孩子往往对这些“必须”吃的东西持反对态度。孩子会根据自己的“经验”和“判断”认为，母亲说“对身体好”的东西一定是不好吃的。可是在日本却看不到类似的情况。在欧洲一些国家中似乎也看不到这种情况，例如希腊。对美国孩子来说，只要摆脱了家长对自己吃东西的限制，就意味着长大成人。在他们眼里，大人似乎可以随心所欲吃想吃的、可口的食品，而从来不对自己说那些东西是否对身体有益。

可是，西方人在睡眠和食品方面的观念，与他们关于自我牺牲的观念相比，都是微不足道的小事儿。在西方人的道德标准中，父母要为孩子付出，妻子要为丈夫牺牲事业，丈夫也要为家人的生计奉献自己的自由。他们认为只要生活在社会中，每个人都必然会自我牺牲。这种社会也是存在的。在这样的社会文化与道德体系中，父母一定会疼爱孩子，女性更沉迷于婚姻生活，为家人的生计奔波的丈夫也在从事自己喜欢的工作，像做猎人或者当花匠等。这是自我牺牲吗？自我牺牲的概念基本上就没人承认，只不过社会一直都在这样强调而已，人们也几乎一致同意按这样的解释生活。

如果美国人认为做某件事是在为别人牺牲，那么在其他民族的人看来却是在互相交换。在这些文化体系中，会把替别人做事当作是一种投资，并相信自己日后能得到回报；或者因为以前也曾受之于人，此时做的只不过是在做等价的回报。在这些国家，有时就连父子关系也是这样。父亲照顾年幼的儿子，在父亲的晚年，成年的儿子又照顾父亲，以此作为回报。在这样的文化体系中，每件事情的关系类似于履行一种民间契约，通常要求双方保持“对等”关系，一方承担“庇护”的义务，另一方承担“服务”的义务，等等。只要对双方都有好处，谁都不会认为自己承担的义务是一种“牺牲”。

对日本人来说，为他人服务同样要求对等关系，即要在等级制关系中承担各自的责任与义务。“自我牺牲”在日本人的道德体系中的地位，不同于在美国人道德体系中的地位。日本人通常反对基督教传教士关于自我牺牲的说教。他们认为，有道德的人不应该把为别人服务看成是对自我的压抑。有一个日本人曾对我说：“那些被你们称为自我牺牲的事情，对我们来说是自愿做的，或者认为那样是对的，并不会为此遗憾。无论我们为别人做了多大的牺牲，都不会认为这是在自我牺牲，而认为这是在提高自己的精神境界，或者认为这是我们应该得到的回报。”日本人往往要求自己履行极端的义务。他们拥有的“自我怜悯”和“自以为是”的感情，则受到传统道德观中有关相互义务的强制力的阻碍。而这种感情在美国那种充满着个人主义竞争色彩的国家处处可见。

所以，如果要了解日本人自我修养的习惯，就必须对他们“自我修养训练”（selfdiscipline）的概念进行彻底剖析，并完全舍弃美国文化中有关“自我牺牲”（selfsacrifice）和“压抑”（frustration）的概念。在日本人看来，要成为优秀的运动员需要进行训练，就像打桥牌一样，并不以为这样的“活动”是一种自我牺牲。当然，日本人的自我修养训练非常严格。婴儿刚诞生时，虽然“幸福”，却还不具备“体验人生”的能力。只有经过了精神训练（自我修养训练）后，才能够生活得充裕，并从中获得“体验人生”的能力。这种说法经常被翻译成“只有这样才能享受人生的乐趣”（only so can he enjoy life）。日本人还认为，修养能锻炼人的丹田（肚脐之处，人的自制力所在的地方），能够让人生变得更加开阔。

为了改善驾驭生活的能力，日本人也对自己的“能力”进行训练。在最初进行自我修养训练时，也许会让人难以接受，但这种“难受”的感觉很快会消失，而且自我修养训练的人最终也会沉浸在乐趣中，如果不是这样，他一定会放弃自我修养训练。学徒要在商业中发挥出色的作用，少年学习“柔道”，媳妇要学会适应婆婆，等等。最初，因为不习惯新要求，可能想逃避这样的训练。此时，父亲就会教训他们说：“你的理想是什么？如果你想体会人生，就必须接受这样的训练。如果你现在放弃了，你今后的人生一定不会愉快。到了那时，如果你陷于这样的处境，受到社会舆论的谴责，我是绝对不会袒护你的。”按他们的说法，自我修养训练就是要将“身上的锈”磨掉，将自己变成锋利的刀。这才是他们希望的。

日本人之所以强调自我修养训练是一件有益的事，并不意味着日本道德规范中的那些极端行为不会对他们造成压抑，也不意味着这种压抑不会使他们产生攻击性的冲动。在游戏和体育活动中，美国人能对此表示理解。为了打好牌，桥牌选手既不会抱怨自己的“自我牺牲”，也不会为了成为专家而把花费的时间当作是对自己的“压抑”。不过，美国人认为，下大注赌钱时，或者在争夺冠军的比赛中，往往会由于精力高度集中导致胃溃疡和身体过度紧张。日本人显然也遇到过同样的事。但是，由于义务背后的强制力，以及坚信自我修养训练对自己有利，所以，美国人难以接受的行为，日本人则很容易接受。与美国人相比，日本人更重视自己对某件事或某种行为是否能够胜任，他们不会为自己找借口，更不会像西方人那样时常把对生活的不满归咎于别人。日本人更不会像美国人那样，因为没有得到“平均幸福”（average happiness）而经常沉湎在“自怜”中。通过自我修养训练，日本人比美国人更注重自己“身上的锈”。

与培养能力相比，“圆熟”是一种更高的境界。有关这种自我修养训练的技巧，如果仅仅阅读日本人写的相关专著，西方人很难理解。但是，专门研究这个问题的西方学者，似乎又并不怎么重视。有时，西方人把日本人的这种行为称为“怪癖”。有位法国学者在著作中认为日本人的这种行为完全是“无视常识”，还说那些讲究修养训练的宗教，尤其是佛教禅宗，是“集严肃的荒谬之大成”。但是，日本人试图通过自我修养训练达到的人生目标，却并不是不可理解的。深入探讨这个问题，能帮助我们进一步阐明日本人的精神驾驭术。

日语中有很多词汇可以用来表达那些经过自我修养训练后，达到“圆熟”的精神境界的人。这些日语词汇有的用于演员，有的用于宗教信徒，有的用于剑术家，有的用于演说家、画家或茶道宗师。这些词汇通常有同样的含义。这里仅举一个词来说明——“无我”。“无我”是禅宗用语，在日本上层阶级很流行。“无我”表达的“圆熟”境界，是指在人的意志与行动之间“没有任何障碍”，而不管那是出于世俗经验，还是出于宗教经验，都仿佛从阳极放出再流入阴极的电流。对那些还没有达到“圆熟”境界的人来说，意志和行动之间仿佛隔着一块绝缘板，这一障碍被日本人称为“观我”“妨我”。经过特别训练后，这种障碍能消除，达到“圆熟”境界的人基本上意识不到“我正在做什么”，就好像能在电路中自由流动、不需要人为控制的电流一样。在日语中，这种境界被表述为“一点”（one-pointed），就是指行为和行为者内心描写的完全一样。

在日本，哪怕仅仅是普通人，也要努力通过训练，让自己达到“圆熟”境界。英国人查尔斯·埃利奥特爵士（Sir Charles E1iot）是研究佛教的权威，他谈及自己一位女学生时说：

> 她来到东京一位著名传教士的住处，要求当一名基督教徒。传教士问她为什么，她说因为想坐飞机。于是，传教士让她说说坐飞机和当基督教徒究竟有什么联系。她说，因为她听说坐飞机的人需要有一颗镇静的、遇事不会慌乱的心，而这种心境只有经过宗教训练才能达到。同时，她认为基督教是宗教中最好的，所以她才来求教。

日本人不仅会把基督教和飞机联系起来，有时甚至还会把“镇静、遇事沉着”和应付考试、讲演、政治生涯等联系起来。在日本人看来，在自我修养训练中培养“一点”（集中、专注），对他们从事任何事业都是有好处的。

在世界其他一些文化传统中，人们也注重自我修养训练。不过，日本人的训练目标和方法与众不同。在他们的修养方法中，有很多来自印度瑜伽，这就更有意思了。今天，日本人自我催眠，让自己全神贯注，驾驭五官的技巧，都在某种程度上与瑜伽修行方法类似。日本人很重视“虚灵”，即心中不想；重视“体静”，即身体不动；重视反复诵念同一句话，并对某一选定的象征全神贯注。在日本人的训练中，仍旧使用一些来自印度的术语。但是，除了表面上的相似之处，他们的自我修养训练与印度人的自我修养训练几乎没有什么共同之处。印度瑜伽是一个古老的宗派，极端崇拜禁欲苦行，并认为这是从轮回中获得解脱的方法。在他们看来，人除了这种解脱（“涅槃”），不再有任何其他解脱之道。人欲是一种障碍。只有通过饥饿、受辱、自我苦修才能消除人欲。依靠这些手段，每个人都可以超凡入圣，获得灵性，并达到神人合一的境界。瑜伽修行注重摈弃肉欲的世界，以及逃脱人间的无边苦海，同时也能帮助人们掌握对灵性的控制能力。他们认为，越极端的苦行，越能够缩短达到目标的路程。

可是，我们在日本看不到这样的哲学。虽然日本是一个佛教大国，然而，轮回和涅槃从未成为日本民众信仰中的一部分。虽然仍有少数日本僧侣信仰轮回与涅槃，但是民间的习俗和广大老百姓的思想几乎没有受到这方面的影响。很少有日本人把鸟兽虫鱼当作人的转世而不允许杀生。在他们的葬礼和婴儿诞生仪式中，也没有与轮回相关的思想。一些高僧断言：达到涅槃的人就是顿悟的人。也就是说此时此地，即使大自然中的松树与野鸟也可以涅槃。日本人对死亡后的世界不感兴趣。日本神话主要讲述神的故事，而与逝去的人无关。日本人甚至对佛教中有关人死后有因果报应的思想也持批判与拒绝态度。他们认为，不管什么人，即使身份最低贱的农民，死后也能成佛。日本人把自己供奉在家中的祖先灵位称为“佛”，而这在信仰佛教的国家中是史无前例的。日本人将死者称为“佛”，或许我们能够理解，像他们这样的民族，肯定不会追求涅槃这样艰难的目标。既然一个人无论如何都能够成佛，那么，自然就没有必要终生苦行，让肉体受苦，从而达到绝对静止的目标。

日本人并不认为肉体与精神水火不容。瑜伽修行是为了让人消除欲望，因为欲望存在于肉体中，可是日本人不这样认为。在日本人看来，“人情”（烦恼）并不是什么魔鬼，感官享乐也属于智慧生活的一部分，只不过，日本人的感官享受必须让位于人生的重大义务。日本人用瑜伽进行训练时，也将这一理念发展到极端。他们不仅排除了自虐苦行，也并不禁止欲望。“顿悟者”被称为“隐士”，过隐居生活，但他们仍然有妻子，并与妻子居住在风景秀丽的地方，过着安逸的生活。对他们来说，娶妻育子与超凡入圣根本没有任何矛盾。在日本佛寺中，僧侣可以娶妻生子。日本人不接受灵肉水火不容的说教。“顿悟”了的人在修行和过朴素生活的同时，也并不会破衣褴褛，或者放弃一切享受与快乐。每天还可以看见日本的圣人们吟诗、品茶、观花、赏月。如今，佛教禅宗甚至还帮助信徒避免“三不足”，即衣不足、食不足和睡不足。

在印度进行瑜伽修行的人相信通过修行可以进入一种天人合一的境界。日本人并不相信这一点。不管是原始民族，还是穆斯林，或者在印度修行瑜伽的人，或者欧洲中世纪的基督教徒，虽然其信仰千差万别，但几乎所有人都异口同声说自己达到了“天人合一”的境界，并体验到了“人世没有的”喜悦。虽然日本人也有类似“神秘主义”的修行方法，可是他们并不特别相信并热衷于这一点。

这非说日本人不会入定，不会冥想，他们也能入定和冥想，但他们仅仅把这种境界看作是对“一点”的修行方法，而不是把它看作“超凡入圣”。在其他国家和民族的宗教修持中，人们会说入定时人体五官会停止活动。可是，日本佛教禅宗却认为，入定会使“六官”达到非常敏锐的状态。第六官在心里，经过训练后，第六官就能够支配人体五官。人的味觉、触觉、视觉、嗅觉、听觉，都要在入定时接受特殊训练。日本佛教的禅宗修行者在训练时，有一种练习是要能够听到无声的足音，并且能够准确跟踪它；或者能够在“三昧境界”中分辨诱人的美味。嗅觉、视觉、听觉、触觉、味觉都是为了“辅助第六官”，人必须在这种境界中学会让自己“各个感官变得敏锐。”

对任何一种重视“超感觉”经验的宗教来说，这种现象都是例外。即使入定时，禅修的人似乎也达不到这种程度。在那些著名的日本佛教法师的言论中，有很多对这种见解的阐述，其中最精彩的是高僧道元。13世纪时，他创立了日本曹洞宗。今天，曹洞宗仍然是日本佛教禅宗中最大、最有势力的教派。他谈到自己的顿悟时，说：“我只知道眼睛横在鼻子上……（在禅的体验中）这并没有什么神秘的。就像大自然中的时间会自然流逝一样，犹如日出于东，月沉于西。”除了在训练中培养能力，一些日本禅学著作也不相信“入定”还能够传授其他能力。有一位日本佛教徒写道：“通过瑜伽训练的人，认为冥想可以帮助自己获得超自然能力，但是，日本佛教禅宗并不相信这种荒谬的说法。”

日本人就这样抹杀了印度瑜伽修行的各种观点。他们只把瑜伽作为修行方法，并试图以这种途径修炼自身，并达到一种完美境界。日本人知道，为了能够达到“圆熟”的境界，就要想办法消除人与行为之间的障碍，他们知道如何消除这种障碍。他们就靠这种“自力更生”的方式训练自己的修养，从中得到的回报是能够恰到好处应付各种局面，并能够对肆意妄为的自我进行控制，做到不急不躁不乱，不管遇到什么情况都会保持镇定。

这种训练不仅对修持的僧侣有益，对武士也有好处。过去，日本武士几乎都把禅宗当作自己的信仰。日本人并不靠这种修炼方法追求“神秘”的体验，而是靠这种方法训练武士单枪匹马地作战，在世界其他地方和民族中，几乎见不到这一现象。自从佛教禅宗在日本产生影响以来，情况一直如此。12世纪，日本佛教禅宗的开山鼻祖——荣西写了一部巨著《兴禅护国论》。日本统治阶级用禅宗修行的方式训练武士、政治家、剑术家、大学生，以图达到自己的政治和军事目标。就像查尔斯·埃利奥特爵士说的那样，“在中国佛教禅宗史上，几乎没有任何迹象显示，有一天禅宗竟然会传到日本成为军事训练中的手段。禅宗也和茶道、能乐一样，传入日本后，完全演变成了日本式的文化。我们可以设想，在12—13世纪的动乱中，像这样主张从内心深处直接体验，而不是以冥想方式从经典中寻找的神秘教义，竟然会在逃避尘世灾难的僧院中流行，却很少有人会想到在日本武士阶层中，还会把它作为生活准则，实际情况也正是这样”。

日本有很多教派，包括佛教与道教，都非常重视冥想、自我催眠和入定等修行方法。有些教派甚至把这种训练成果看作上帝对自己的恩宠。这些教派的哲学基础建立在“他力”之上，意思是要依靠他人，即仁慈上帝的帮助。但有一些教派．尤其是禅宗，却主张要依靠自己的力量帮助自己。禅宗教导人们说，潜力存在于人的内部，只有依靠自己的努力才能使潜力增强。日本武士发现这些教义更符合他们的性格。无论作为僧侣，还是作为政治家、教育家，武士都必须从事这类“工作”，就是以禅宗的修行方法强化朴素的个人主义。禅宗教义中说：“禅所求的，就是要在自己身上发现可以发现的光明，不容许任何阻碍。除了在这个过程中遇到的一切孽障……但是，遇佛杀佛，逢祖灭祖，通过这种方法我们才能获救。”

任何探索真理的人都喜欢直接探讨真理。不管是佛陀的教导、祖宗的经典、或者神学，那些二手资料他们都不会接受。研究这些虽然并非毫无用处，但并不能让心灵灵光一现，只有灵光一现才可能让人顿悟。在一本禅语对答书中，记载了一则故事：弟子请求禅僧宣讲《法华经》。禅僧讲得很好，可是弟子听了很失望，说：“我还以为禅僧蔑视经典、理论和逻辑体系啊！”禅僧回答说：“禅并非一无所知的，只是它相信真知存在于经典和文献之外。你不是来求知的，你是来问经的！”

禅师们的目的是要教弟子通过求“真知”达到顿悟。这样的训练既有肉体方面的，也有精神方面的，不管哪种方式，都必须在修炼人的内心意识中获得效果。剑术家进行训练时，先要反复练习基本的击刺技巧，但这只属于“能力”范围；他还必须学会“无我”。最开始的时候，他要站在地板上，全神贯注于脚下的地板，而脚下小地板却支撑着全身的重量。然后，他脚下这块窄小的地板被逐渐抬高，慢慢地，剑术家就能站立在一根大约四英尺高的柱子上了，犹如躺在庭院中一样舒服。当剑术家能够坦然站在柱子上时，就能够得到“真知”，并获得“顿悟”。此时，剑术家的心也顺从了他的意志，不再感到眩晕，也不会再从柱子上摔下来。

日本人的这种“立柱术”是对人们熟悉的西欧中世纪时期，圣西蒙教派的“立柱苦行术”做的改造，并使它成为适合日本人的、有目的的自我训练方法，而不再被当作苦行。不管是以禅宗的方式训练，还是农村中的一些行为习惯，日本人对各种肉体训练方法都作了“精心”改造。在其他一些国家和民族中，有一些修行方法是，让修行者潜入冰水中，或者站在山涧瀑布下修炼。这些修炼有的是为了使肉体得到锻炼，有的是为了祈求上帝怜悯，有的是为了能够进入一种恍惚的状态。日本人对耐寒的苦行方式有一种特殊的偏好，要么天亮前在冰凉刺骨的瀑布中或站或坐，要么在寒冷的冬夜用冷水洗澡，训练的目的是为了锻炼自我意识，直到感觉不到痛苦为止。对求道的人来说，要训练自己能在不受干扰的情况下继续冥想的能力。等到再也意识不到水的冰冷，或者再也不会对寒冷感到颤抖时，就“圆熟”了。此外，他们并不求任何补益。

日本人对精神的训练也是一样的。在精神训练中，向老师请教，但老师绝不会对学生进行西式意义的“教育”，因为学生不可能从自身外学到任何有意义的东西。老师可以和学生讨论，但是不会对学生温和引导，并帮助学生达到新的智慧境界。在日本人眼里，越粗暴的老师，对学生的成才越有帮助。如果老师突然把学生刚送到嘴边的茶杯打翻，或者把学生摔倒在地，或者用棍棒敲打学生手指关节，学生就会像被接通了电流一样获得顿悟。因为老师这样做打消了学生的自我满足感。在日本僧侣言行录中有很多这样的故事。

为了让学生努力开悟，老师最喜欢用的方法是“公案”。“公案”的意思是“问题”。据说日本的佛教公案大约有1700多个。在《禅僧逸话》中，有的人为了解决一件公案，竟然会耗费七年时间，这样的情况并不鲜见。解决“公案”的目的不是为了得到让人满意的答案。例如“设想孤掌独鸣”“背负尸体而行者谁？”“朝我而来者何人？”等。这样的“禅问”在12—13世纪以前的中国也曾有过。日本从中国引进禅宗的同时，也把这种方法引了进来。但如今，“公案”似乎在中国已经绝迹了，可是在日本却成为修炼达到“圆熟”的重要手段。有关禅的入门书都非常重视公案。他们说，思考“公案”的人就像“被赶入绝境中的老鼠”，或者像“想吞热铁球”的人，或者像“想叮铁块的蚊子”。思考“公案”的人忘我努力，最后，横亘在他心灵与“公案”之间的“观我”屏障被除掉，犹如闪电一般，心灵与“公案”融合在一起，于是他“顿悟”了。

读了那些关于日本人精神高度紧张的描述后，如果还要在书中寻找他们想要得到的真理，一定会让人失望。日本有位名叫“南侯”的人用了八年时间思索“朝我而来者何人？”最后他明白了，结论是：“说此地有一物，旋即失之矣”。但是，禅语的启示也有一般模式，可以从下面几句问答中一窥真相：

僧问：“怎样才能避免生死轮回？”

师答：“谁束缚了你？（谁把你绑在轮回上？）”

他们说，借用中国一句有名的成语，学东西就是“骑着牛找牛”。他们要学的“不是网，而是如何用网捕捉鱼兽”。用西方人的术语说，他们学的是两难推理，“二难”都和题旨无关，其目的是要让人顿悟：只有打开了心眼，现存手段才能达到目标，一切才有可能，才不需要借助外力，而只需要反求内己。

公案的意义不在于发现真理，而在于日本人如何探索真理。

公案被称为“敲门砖”。“门”装在人性蒙昧的墙壁上。这堵墙就是日本人的“耻感”。如果用“砖”把“门”砸开，人就能够进入自由的天地，于是，“砖”不再有用，自然不需要解答公案了。功课修完后，日本人的道德困境就获得了解脱。为了修行，他们拼命钻死角，并变成了“咬铁块的蚊子”，可是到了最后，他们却恍然大悟，原来在世界上根本没有死角。在“义务”和“情义”，“情义”和“人情”，“正义”和“情义”之间，并没有死角。于是，他们发现了一条出路并获得了自由，从此开始充分“体验”人生。日本人达到了“无我”境界，他们的“修养”也成功达到了“圆熟”的目标。

日本学者铃木大拙曾经对禅宗进行研究，他把“无我”解释成“无为意识的三昧境界”，即“不着力、无用心”“观我”消失了，人就“失去了自身”，即自己不再成为自己行为的旁观者。“顿悟”后，做学生的发现，除了目标和为实现目标采取的行动，一切都不存在，既不存在“观我的人”，也没有“作为用来衡量无知或不可知的灵体”。那些对人类行为进行研究的人，只要对这样的表达方式稍作改变，也许就能更明确地发现日本文化的特征。在日本文化中，人始终如同孩子，他从小就要接受一系列有关自我修养的训练，并学会观察自身行为。他对别人的评价非常重视，并把别人的评价用来作为判断自己行为的根据。作为“观我的人”，他非常容易受到外界伤害，但是，只要他的精神境界得到升华，并进入灵魂的三昧境界，“自我”就不再容易受到外界的伤害。此时，他将不再对“自我”有意识，他会觉得自己的心性已经修炼成功了，就好像练习剑术的人最后可以站在一根大约四英尺高的柱子上而毫无畏惧一样。

为了达到“无我”，画家、诗人、演说家和武士，都使用这样的方法进行自我修养训练。在这个过程中，他们真正学到的并非“无限的感受”，而是对有限的美，具有明确的、不受外界干扰的感受。即他们会经过恰到好处的努力，学会调整训练方法，并刚好达到目的。

在日本，甚至连从来没有经过任何自我修养训练的人，也具有“无我”的体验。在欣赏能剧和歌舞的过程中，如果能够陶醉在剧情中而达到忘我境界，我们就可以说这个人失去了“观我”。此时，如果他手掌出汗，就会感觉这是一种“无我的汗”。轰炸机的飞机员在即将靠近目标投放炸弹时，也会产生“无我的汗”。此时，其意识中没有“旁观的自我”。负责发射高射炮的炮手在对敌机进行全神贯注的侦察时，他周围的世界似乎都消失了，也会出一身“无我之汗”，并失去“观我”。在这样的场合中，只要达到这种状态，就进入了修养的最高境界。这就是日本人的观念。

上面这些概念充分告诉我们，在自我修养训练中，自我监督使日本人面临非同寻常的压力。他们认为，如果不再受到这种来自“自我监督”的压力，也许就能感到自由，行为也将更有效率。在美国人眼里，“观我”和内心的理性原则是一回事。因此，美国人以遇事临危不惧，能够“保持机智”而自豪。但日本人要解脱自己身上的那种压力，就必须先让精神得到升华，将灵魂提高到“三昧境界”。我们发现，日本文化具有反复向人的内心深处灌输“谨小慎微”的特征，但日本人对这一点总在力图辩解，并断言说：一旦心理负担消失，人的意识就会达到更有效的境界。

表达这种信条时，日本人最极端的方式（至少在西方人的眼里是这样）是对那些“就当死去而活着”的人大加赞赏。如果根据字面的意思翻译就是“活着的尸体”（行尸走肉）。对西方人来说，这句话让人讨厌。西方人说这话时，是指一个人已经死了，留在人间的只是一具没有活力的躯体。他们说“就当死去而活着”意思是这个人已经在道德修炼上达到了“圆熟”的境界。他们经常用这句话劝勉或鼓励他人。鼓励那些为中学考试苦恼的少年时，他们会说：“就当你已经死了，这样就容易考上了。”鼓励那些商业交易的人，他们也这样说：“就当你已经死了，干下去吧。”如果一个人在精神上陷入了苦恼，感到人生没有希望，也时常以“当自己死了”的决心生活。日本基督教领袖贺川丰彦曾经在大战后担任贵族院议员，他在自传小说中写道：“他就像被魔鬼缠身一样，每天躲在房间里哭。他那突如其来的哭泣声歇斯底里。虽然他的痛苦持续了一个半月，但最后他的生命终于获胜了……‘我要带着死的力量活下去’……就当自己已经死了而投入到战斗中……决心当一个基督徒。”在战争中，日军士兵喜欢说：“我就当自己死了，以报答天皇之恩。”这句话包含了一系列行为，例如出征前，先为自己举行葬礼；发誓要把自己的身体“变成硫黄岛上的土”，决心“要与缅甸的鲜花一起凋落”，等等。

那些以“无我”为基础的哲学也潜藏于“就当自己已经死去了那么活着”的人生态度中。在这种状态中，人不再自我监督，也消除了恐惧和戒心。因为他已经把自己当死人了，不再需要思考行为是否恰当。死了的人不用再考虑报“恩”，精神自由了。所以，“就当自己已经死了那样活着”意味着终于摆脱了人生所有矛盾和冲突，也意味着“我的活动力和注意力不再受任何束缚，可以勇往直前实现自己的目标。‘观我’及其他所有让人恐惧的负担，已经不再横亘于自我与自我的奋斗目标之间了。我在奋力追求，一直烦扰我的紧张感和消沉态度也随之消失。现在终于可以为所欲为了”。

根据西方人的说法，日本人在“无我”和“就当自己已经死了”的行为习惯中排除了意识。他们所谓的“观我”“妨我”，其实是判断个人行为的“监督者”，这也生动表明西方人和东方人的心理差异。美国人指责没有良心的人时，通常指这个人在干坏事的时候不再有罪恶感。可是，日本人在使用同类词语时，意思却是指这个人不再紧张，也不再受到束缚和妨碍。同样一个词，在美国指坏人；在日本却指好人、有修养的人、能够最大限度发挥能力的人，是一个能完成最困难的工作、并致力于无私行为的人。罪恶感是美国人行善的制约力量，如果一个人的良心麻痹了，就不能再有罪恶感，就会变成反社会的人。但是，日本人对这个问题的看法却不一样。按照日本人的哲学，人的心灵深处存在善，如果内心冲动能直接表现为行动，他们就会自然实践德行。于是，日本人才想努力修行，以求达到“圆熟”的境界，并消灭在自我监督中产生的“羞耻感”。他们认为只有达到这种境界，第六官的障碍才能够消除，才能够彻底摆脱自我意识和矛盾的冲突。

考察日本人有关自我修养训练的哲学，如果脱离了日本人在文化体验中的个人生活经验，就会成为不解之谜。日本人那种归之于“观我”的“羞耻感”，是日本人身上的沉重的压力。如果要说清楚日本人的精神驾驭术以及日本哲学的真正意义，就要讲一讲日本人的育儿方式。任何一种文化的道德规范总是代代相传的，不仅是通过语言相传，而且也通过长者对子女的态度来传递。局外人如果不对一个国家的育儿方式加以研究，就很难理解这个国家生活中的一些重大问题。因此，在这章中，我们只从成人的角度描述日本民族对人生的各种观点。日本人的育儿方式将使我们对他们的这些观点了解得更加清楚。

第十二章　对儿童的教育

日本的育儿方式出乎西方人意料。美国父母教育孩子时，总会训练子女对生活的适应能力。但日本父母在教育子女时，却要求孩子养成谨慎和自我克制的习惯。孩子在小时候，父母就会对他们进行这方面的“训练”。培养婴儿，教育孩子时，西方人对哺乳和睡眠时间都有严格规定。如果没到规定时间，不管孩子如何哭闹，家长也不理睬，任由孩子哭闹，直到规定时间为止。如果孩子喜欢吮吸手指头或者触摸身体其他部位，母亲就会敲打孩子的手指，对他们的行为加以制止。母亲经常不在孩子身边，母亲外出也会把孩子留在家里。该断奶时，就算孩子不愿断奶，不想吃别的东西，母亲也会强迫孩子断奶。如果婴儿一出生就吃奶粉，为了能断奶，就不会再给孩子奶瓶。父母还要求孩子必须吃对身体有益的食物。如果孩子不遵守这些规定，就会受惩罚。美国人通常认为日本小孩从小就受到了严格训练，因为这些孩子长大后总是习惯克制自己的欲望，谨慎遵守道德准则。

事实上，日本人教育子女并非如此。他们的人生观和人生发展曲线与美国人完全不一样。他们的人生发展曲线犹如一条浅U字型。他们的幼儿期和老年期都有很大的自由度。幼儿期结束后，他们的自我约束力就慢慢增强，直到结婚前后，其个人自由度最小，也就是U字的最低点。他们整个壮年期的自由度都会在这个最低点上，并持续好几十年，然后自由度再慢慢增加，在U字型上所占的空间慢慢上升。60岁后，他们再次可以像在幼儿期那样，不再为羞耻心和名誉烦恼。可是对美国人来说，这种“自由度”的发展曲线则是倒立的U字型。即美国人在幼儿期受到的教育异常严格，自由度最小，随着年龄增加，自由度越来越大，到了成年后开始工作、自立，并有了家庭后，自由度达到最高点，可能不再受任何人约束。在他们的一生中，壮年期的自由度和主动性最大，然后随着年龄增长，精力慢慢衰退，日益成为他人累赘，要逐渐受到约束，自由度又慢慢降低。所以，美国人从来没想过要按日本人的生活模式安排人生，因为那似乎和现实背道而驰。

不过，美国人和日本人的人生发展曲线都有一个共同点，那就是在壮年期，他们与自己国家的文化习俗及行为习惯紧密联系在一起。在美国，为了达到这个目标，会在壮年期尽可能多地进行个人选择。而在日本，要达到这个目标，就要在壮年时期对自己尽可能进行限制和约束。虽然壮年期的体力最强，谋生能力也最强，可日本人仍然不能主宰自己的生活。他们坚信，自我约束是最好的精神训练方式，也是自我修养的最佳方式。虽然他们在人生最活跃、最有创造性的壮年期受到最大的约束，但这些约束却并非终生。对他们来说，幼年期和老年期才是自由的领地。

喜欢孩子的人都希望有孩子，日本人也一样。和美国父母一样，他们把喜欢孩子当成快乐。但是，他们要孩子并不仅仅是为了能够在感情上获得满足，也是为了延续家族血统。在他们看来，一旦家族血统在自己这里中断，自己就将是人生的失败者。但是，美国人对家族血统并不这样看重。根据日本社会习俗和传统文化，男人必须有儿子，大概他们希望死后能够有人在自己的灵位前跪拜，并使家族延续下去，传宗接代；同时也是为了维护家族的荣誉和财产。由于日本社会传统文化因素，父亲对儿子的需要犹如幼儿对父亲的需要。总有一天儿子会取代父亲，但是，儿子并不是要撇下父亲，而是为了让父亲安心。此后很多年内，父亲仍然会管理家内事务，然后由儿子接班。如果父亲不能把家务让给儿子管理，那么，“父亲”这一角色也不再有什么意义。这是一种根深蒂固的观念，因此，对他们来说，成年儿子依靠父亲并不像西方人那样会感到可耻或不体面。

日本女性需要儿子也不仅是为了得到感情满足，而是因为日本女性只有当了母亲后才有地位。在日本家庭里，如果妻子没有子女，她的家庭地位就不稳固，就算不离婚，也不能指望自己有一天能当婆婆，并对儿子的婚姻和儿媳妇行使权力。为了使家庭血统延续，她的丈夫可以收养养子。根据他们的观念，妻子如果不能生孩子，就是一个失败者。日本女性总希望自己能够多生孩子。20世纪30年代初期，日本平均出生率有31.7‰，甚至比东欧高出生率的国家还要高。1940年，美国出生率是17.6‰。日本女性生育孩子的年龄都很早，大多数日本女性平均19岁就生孩子。

在日本，女性的分娩与性交都是隐秘的。为了避免让人知道，产妇在阵痛中不能大声呻吟。生产前，母亲要提前给孩子准备崭新的被褥和小床。因为在他们的文化中，新生儿如果不睡新床就会不吉利。贫穷的家庭即使买不起新床，也会把被褥和棉花清洗干净，当新的使用。婴儿使用的被褥不像大人的被褥那样沉硬，而是很轻。据说只有这样，孩子在床上才能睡得很香。从内心深处来说，他们更愿意让孩子与自己分床而睡，据说这是根据"感应巫术"新人必须睡"新"床。婴儿的睡床与母亲的睡床靠在一起，直到婴儿长大并要求与母亲一起睡时，才能和母亲睡在一起。日本人认为，婴儿满了一周岁后才会伸出双手向母亲提这种要求。直到这时，母亲才会搂着婴儿睡觉。

婴儿出生后头三天，母亲不会喂奶。母亲要等到流出"真正的"奶汁才会喂养婴儿。三天后，婴儿随时会叼着母亲的乳头，或者吃母亲的奶，或者将乳头叼着玩。母亲也把给孩子喂奶当作乐趣。在日本社会文化习俗中，认为喂奶能让女性获得生理上的最大快乐，此时，婴儿也极易感受到母亲的乐趣。乳房不仅给孩子提供了营养，还给母亲和孩子带来了喜悦与快乐。婴儿出生后头一个月里，或是自己睡在小床上，或是由母亲抱着。三十天后，母亲会抱着孩子去参拜当地神社。他们认为，只有参拜了神社后，婴儿的生命才在体内扎下了根，这时才能带着孩子自由外出。一个月后，母亲会把婴儿背在背上，用一根牢固的带子系住孩子的腋下和臀部，再挂上双肩，最后在腰前打个结。天冷时，母亲会用外衣把孩子牢牢裹上。家里凡是年龄大一点儿的孩子，不论男孩女孩，都会把刚出生不久的弟弟妹妹背在身上，甚于在玩垒球或踢石子时，也会背着婴儿奔跑。尤其在农民家庭和穷困家庭中，主要由年长的孩子看护年幼的孩子。因此，"因为日本婴儿都生活在人群中，所以很快就显得聪明而有趣，看上去，他们似乎也和那些大孩子一样玩着同样的游戏"。在背上时，婴儿四肢会展开。这种背婴儿的方式与太平洋诸岛和其他一些地方流行的用披肩裹婴儿的方式非常相似。这些民族的人都把婴儿视为被动的。他们认为用这种方式哺育婴儿，等孩子长大后，就能随时不拘姿势地睡觉。日本人也一样。不过，日本人用带子背婴儿，并不像用披肩或包袱包裹婴儿，是在培养婴儿的被动性。婴儿在背上会像小猫一样搂着别人，但绑在带子中是安全的。婴儿会自己努力获得舒服的姿势。孩子很快就能掌握趴在背上的技巧，而不是被绑在别人背上的“包袱”。

日本母亲工作时，会把婴儿放在睡床上，上街时也会把孩子背在背上带走。母亲会对孩子说话，哼小曲给他听，让他做各种礼貌动作。母亲向别人还礼时，会晃动孩子的头和肩，教孩子表达鞠躬致意的意思。不管怎样，在日本人眼里，婴儿如同大人。母亲每天下午还会给孩子洗浴，然后让孩子坐在自己膝盖上逗着玩。婴儿三四个月以前会系上尿布。这种尿布通常很粗厚，日本人常抱怨说自己的罗圈腿是尿布造成的。三四个月后，母亲会教孩子便溺。她们先估计孩子便溺的时间，然后把孩子带到户外，用手托着孩子，一边低声吹口哨，一边等孩子便溺。孩子也能“听懂”母亲的口哨和暗示。人们常认为，日本婴儿和中国婴儿一样，很早就学会了便溺。婴儿尿床时，有的母亲会用手拧孩子的屁股，但很多母亲都会训斥孩子。如果婴儿记性差，始终会尿床，母亲就会不厌其烦地把孩子带到户外教他便溺。如果孩子拉不出大便，母亲就给孩子洗肠，或者让孩子服泻药。据日本母亲说，她们这样可以让孩子更舒服。等孩子学会并养成大小便的习惯后，就不需要再使用不舒服的尿布了。日本婴儿使用的尿布不但又粗又厚，而且尿布被尿湿后，母亲通常也不会更换，所以，这样的尿布对于婴儿来说肯定不会感到舒服。当然，婴儿太小，不会明白便溺与取下不舒服的尿布有什么关系。作为婴儿，唯一的体验就是每天都必须这样。日本母亲让孩子便溺时，还会尽量把孩子抱得很紧，并让孩子离自己身体远一点。这样的“训练”能够为婴儿长大成人后，更好地遵从日本文化的道德伦理体系和繁琐的社会礼仪规范做好准备。

一般来说，日本婴儿先学讲话，再学走路。母亲们不会鼓励孩子学

“爬”。按照传统习惯，婴儿不满周岁时，要学习站立和走路。以前，日本的母亲一般不允许婴儿那样做。但是最近十几年来，在日本政府向全民发行的《母亲杂志》中，总在宣传并鼓励母亲让婴儿学习走路。让婴儿学习走路的教育方式才开始在日本流行起来。教孩子学走路时，母亲会先在婴儿腋下拴一根牢靠的带子，或者用双手扶持婴儿的身体教他走路。一般来说，婴儿学说话的时间仍然比学走路的时间早。婴儿试图开口说话时，家长就从逗弄孩子说话，变成对孩子有目的的教导。日本父母并不是让婴儿通过偶然模仿学习讲话，而是耐心教孩子单词、语法、各种敬语等。不管婴儿还是大人，都喜欢这样。

孩子学会走路后，就开始做各种恶作剧。他们会试图用手指捅破窗户纸，或者掉到地板中间的地灶当中，等等。家长不满意孩子的做法，就向孩子夸大各种危险。母亲为了禁止孩子踩门槛，会对孩子说“踩门槛很‘危险’”。日本人的房子通常是用梁柱架在地面上的，里面没有地下室。如果小孩踩了门槛，家长就认为这会让房屋变形倒塌。除了不能踩门槛，孩子也不能踩或坐在两张榻榻米之间的联接处。日本人家中榻榻米的尺寸大小是固定的。根据房间里榻榻米的数量，有的称“三贴室”，有的称“十二贴室”。日本孩子经常听到这样的故事：在古代社会，武士们在刺杀行动中，常常钻进榻榻米下面，从两张榻榻米的联接处把要杀的人刺死。所以，母亲们总试图告诉孩子，只有厚的、柔软的榻榻米才安全，两张榻榻米的接缝之间很危险。为了规范孩子的行为，母亲经常使用“危险”“不行”之类的词语，这些用语中包含了母亲对孩子的感情。母亲还经常对孩子说“脏”。日本人以家庭整洁出名，孩子从小要接受清洁卫生和整洁的教育。

从前，日本的传统习惯是，婴儿直到在下个孩子出生前才会断奶。而最近，日本政府却在《母亲杂志》上提议婴儿最好在八个月时就断奶。在日本中等阶级中，很多母亲都已经按照这个方法实行了，但它并没有成为日本人普遍遵守的行为习惯。母亲给孩子哺乳喂奶，符合日本人的感情。日本人认为，这才是母亲最大的快乐。而那些开始采用新的哺乳习惯，在婴儿八个月就强行断奶的母亲，把这看作是为孩子的幸福做出的牺牲。她们对日本政府这一新规定表示同意，并认为“长期喂奶对孩子身体不好”，还批评不让孩子断奶的母亲，认为她们的行为是一种自我放纵，对自己没有约束和管制能力。她们的说法是，“她说没有办法给孩子断奶，完全没那回事”“因为她下不了决心”“她就是想让孩子一直吃她的奶”“为了自己的快乐”，等等。日本人在传统文化习俗中有坚持给孩子哺乳的习惯，所以在日本社会中，婴儿八个月就断奶的行为习惯暂时不可能全部普及。在日本，还有一个原因也导致婴儿断奶时间比较晚。日本人并不会给那些刚刚断奶的婴儿吃别的食物，以代替孩子刚断奶时的不适应。比如，刚断奶的孩子应该喂一些稀粥，可是，日本大多数孩子从断奶时起就开始吃成人吃的普通食品。日本人似乎也没有喝牛奶的习惯。日本人也不会专门为婴儿准备一些特殊的蔬菜。于是，日本政府提倡的“长期哺乳对孩子身体不好”究竟是否正确，也值得人们怀疑。

婴儿断奶时，通常已经能够听懂别人的话了。断奶前，母亲会在吃饭时抱着孩子坐在饭桌旁边，给孩子喂一点儿食物。断奶后，孩子的食量会增加。此时，有些孩子还在吃母乳，因此，如何喂养这些孩子就成了问题。对日本传统家庭来说，因为有了下一个孩子不得不给较大的孩子断奶，这就很容易理解。断奶时，母亲有时会让孩子吃一些点心，慢慢转移孩子对母乳的依恋。有时为了能顺利断奶，母亲甚至还在自己的乳头上涂胡椒面。母亲会嘲笑不愿断奶的孩子说：“如果要吃奶就是个小娃娃。”母亲们会说：“看看你表弟，他的年纪和你一样小，但是他已经不吃奶了，他才是个大人啊！”或者说：“看，那个孩子在笑话你呢！他笑你都是哥哥了还要吃奶。”所以，两岁、三岁，甚至四岁还在“玩”妈妈奶头的孩子，只要发现稍微大一点儿的孩子朝自己走来，就会马上放开母亲的奶头，并假装自己没有吃奶。

日本人这样做不仅是为了给孩子断奶，也是用这种方法教育子女早日成人。当孩子能够听懂大人的话时，任何时候、任何地点，日本人都爱用这种方法教育孩子。例如：当男孩儿哭时，母亲就会说，“你可不是女孩子”，“你是一个男孩”，等等；或者说“快看，那个小孩都没有哭”。如果有客人带着孩子来串门，母亲会在自己孩子面前，向客人的孩子表示亲昵，还说“这个小宝宝真聪明，我好喜欢，快看，你这么大了，还只知道淘气”。于是，看到母亲的行为，听到妈妈的话后，被母亲“批评”的孩子就会马上跑到母亲面前，一边用小拳头捶打母亲，一边哭着说：“不要，不要，我不喜欢这个小宝宝，我会听妈妈的话。”如果看到一两岁的孩子吵闹，或者发现他们并不认真听话时，母亲就往往会对客人说：“请把这孩子带走吧，我们家不要他了。”于是，客人也会假装答应，并装作要把孩子带走。孩子就会由于恐惧，大声哭喊着向母亲求救。当母亲见自己对孩子的“嘲弄”达到了目的，就会和蔼地把孩子拉到身边，要求孩子一边哭一边发誓，保证今后再也不调皮了。有时候，对五六岁左右的孩子，日本父母也一样会这样做。

家长对子女的“嘲弄”还有一些其他方式。有时，母亲会走到父亲面前对孩子说：“我不爱你，我爱你爸爸，因为你爸爸是好人。”此时，孩子往往会非常嫉妒父亲，并试图将父亲和母亲分开。母亲便对孩子说：“爸爸不像你，爸爸不会在家里乱喊乱叫，也不会到处乱跑。”孩子就会跺着脚说：“你撒谎、骗人，我是好孩子。我没有调皮。你难道不喜欢我吗？”等到玩笑开得差不多了，父母会相视而笑。日本父母就用这样的方式“教养”男孩，也用同样的方式“教养”女孩。

正是在这种教养方式下，日本成年人普遍害怕嘲笑和被轻蔑。我们并不知道幼儿在几岁时就能明白大人对他的“嘲弄”，但孩子迟早会懂的。等到孩子懂了后，在他们的意识中，受人“嘲弄”就会和害怕失去安全与亲密的恐惧感联系在一起。等到他们长大成人，并被别人嘲笑时，幼年期遭受的“恐惧”经验仍然会对他们心灵留有阴影。

在2岁到5岁的孩子中，这种嘲弄会引起更大的恐慌，因为对他们来说，家庭就像天堂，象征着安全与自在。在日本人家里，父亲和母亲不管是在体力方面，还是在感情方面，都有明确的分工。他们互相很少以竞争者的姿态出现在子女面前。家务和教育孩子的义务通常都由母亲或祖母承担，在父亲面前，母亲和祖母都会毕恭毕敬侍候父亲，崇拜父亲。日本人家庭中的等级制非常明显。孩子从小就知道，年纪大的比年纪小的有特权，男人比女人有特权，兄长比弟弟有特权。不过，每个孩子在幼儿期，都会受到全家人的宠爱，尤其是男孩儿。不管是对男孩儿还是女孩儿，母亲对孩子的任何愿望都会尽量满足。3岁男孩甚至会向母亲宣泄内心的无名怒火，但是，孩子们对父亲却不敢有任何反抗。当听说要把自己“送给别人”，或者听到批评自己的话时，孩子们可以向母亲和祖母发泄，但是，他们不敢向父亲发泄。当然，并非所有男孩都脾气暴躁。但是，不管在农村还是在上流家庭中，几乎所有3到6岁的孩子脾气都比较暴躁。幼儿经常用小拳头捶打母亲，哭闹不休，任性胡闹，甚至用小手抓头发，把母亲的发髻弄乱。在他看来，母亲只是一个女人，他虽然只有3岁，却是一个男子汉，所以“有权利”对母亲粗暴地发泄，并以无端地攻击母亲为乐事。

可是，在日本人的家庭中，孩子只能对父亲表示尊敬。父亲位于家庭等级制的最上层，孩子在家中必须学习向父亲表示尊敬，这也是为了他们的自我修养训练。但是，和西方国家相比，日本父亲很少承担教育孩子的义务。教育孩子主要由女性家长负责。当父亲对孩子有要求时，通常只用眼神向孩子示意，或者只对孩子训诫几句话。由于父亲很少教育子女，所以，看到父亲的眼神，听到父亲的训诫后，孩子一般都会马上服从。闲暇时，父亲也会帮孩子制作玩具，等等。父亲通常要等孩子学会走路后，才会偶尔抱抱孩子，并背着孩子来回走走。在孩子幼儿时期，日本父亲有时会承担一些育儿工作，但是美国父亲通常都会将这阶段教养子女的任务委托给孩子的母亲。

在祖父母面前，孩子可以任意撒娇。虽然孩子要尊敬祖父母，但是祖父母并不承担教育孩子的责任。不过有时候，也会有一些祖父母对孩子的教育不满意，愿意自己亲自教育孩子。不过，如果由祖父母教养孩子的话，家庭中时常会产生许多矛盾。有时，祖母整天守候在孩子身边，使得媳妇与婆婆争夺孩子的现象时有发生。对孩子来说，他似乎既可以获得祖母的疼爱，也能得到母亲的疼爱，祖母却可能会利用孙子“压制”儿媳。年轻的儿媳妇有讨婆婆欢心的义务，这也是媳妇一生中最大的义务。所以，既使媳妇对祖父母娇纵孙子的行为再不满意，也不敢提出异议。在日本家庭里，孩子们通常会面临这样的情况，母亲说不让孩子吃糖果，祖母马上把糖果拿给孩子，并且会含沙射影地对孩子说：“吃吧，奶奶给你的糖果没有毒。”在日本家庭里，祖母往往比母亲更有时间陪伴孩子，而且祖母给予孩子的东西，常常也是母亲不愿意让孩子要的东西。

根据日本人的家庭伦理观，哥哥和姐姐都要照顾并宠爱弟弟。当母亲有了另一个孩子时，年纪稍大的孩子总能感到自己得到的“宠爱”被“夺走”了。对“失宠”的孩子来说，母乳和母亲的床榻就要让给新生的弟弟妹妹了。婴儿出生前，母亲往往会对孩子说：“以后你就不跟妈妈睡觉了，要跟爸爸睡觉了。”在日本人看来，幼小的儿子跟父亲睡觉似乎是一种特权。在新宝宝出生前的准备过程中，年长的孩子似乎会产生某种兴趣。当新生婴儿一出现，他们往往高兴而激动。可是，他们的兴奋与激动会很快消失。对他们来说，从母亲那里“失宠”早已是预料中的事，所以，他们不觉得有什么难受。“失宠”的孩子有时会试图把年幼的弟弟妹妹送到其他地方，他们会对母亲说：“把宝宝送给别人吧！”但是，母亲却回答他们说：“不行，这是咱们家的宝宝呀！是你的弟弟（妹妹）呀！喜欢他，好吗？小宝宝爱宝宝，你帮助妈妈照顾小宝宝，好吗？”这样的情况有时会持续很长一段时间，母亲似乎也习以为常了。在那些多子女的日本家庭中，有时候会有这样一种调节办法：孩子们按照一定的间隔次序互相照顾，比如老大照顾老三，老二照顾老四，等等。所以，在这样的家庭中，我们时常会发现，弟妹总是与隔了一个次序的兄姐的关系最亲。孩子七八岁前，这种安排对男女差别的影响都不大。

几乎所有日本孩子都有玩具。孩子们的布娃娃或其他玩具通常都是父亲和亲友送的。有些玩具是自己做的，有些是买的。家庭经济困难的一般自己做玩具。幼儿们用布娃娃和其他玩具做游戏，像过家家、做新娘、过节日，等等。游戏前，小孩子们通常会先辩论一番，争论大人是怎么做的。争吵不休时，他们会请母亲裁决。看见孩子吵架，母亲总是会对孩子说“贵人度量大”，劝孩子学会忍让。他们经常说的话是“吃亏的人占便宜”，意思就是“你可以先把玩具拿给其他小孩玩，他们玩腻了就会想玩别的，玩具还是你的”。这样的话，3岁孩子基本上很快都能领会。孩子们玩主仆游戏时，母亲会做主让年纪大的孩子充当游戏中的仆人，母亲解释说“这样大家都高兴，你也能从中得到乐趣”。日本人这种“吃亏占便宜”的生活原则，即使在孩子成人后，也仍然受到重视。

对孩子，日本人除了“训诫”和故意“嘲弄”，还有另外一种教育方法，就是转移孩子的注意力。为了能转移孩子的注意力，有时还给孩子糖果吃。孩子接近上学年龄时，家长们会使用一些“治疗”方法。如果孩子脾气暴躁、不听话、喜欢吵架、难以管束，母亲就会把他们送到神社或者寺院中去。母亲此时的态度是“求神治疗我的孩子吧”！很多时候，对孩子来说，这种“治疗”方式只相当于一次快乐的郊游。在神社或寺院中，对孩子进行“治疗”的神官或僧侣，通常要和孩子进行一次严肃的谈话，询问孩子的生日和坏毛病。然后，神官或僧侣前往后屋祈祷。等神官和僧侣从后屋回来后，就会宣布孩子的病治好了。有时，他们说孩子淘气是因为他肚子里有蛔虫，然后就给孩子作法，帮孩子清除肚中的虫子，再让孩子回家。有时，他们也会对孩子使用“灸”的疗法，把一种装满干艾粉的小圆锥形容器放在小孩的皮肤上，用火点燃干艾粉。通过“灸”产生的斑痕往往会在孩子身上留一辈子。“艾灸”在东亚地区是一种古老的疗法。日本人用这种方法治疗各种疾病。有时候，日本人还用“艾灸”治疗小孩脾气暴躁、固执己见的毛病。那些六七岁的小孩，经常就这样接受母亲或祖母的“治疗”。遇到小孩的难治之症，还会治第二次。不过，日本人很少对淘气的孩子三次使用“艾灸”疗法。因为“艾灸”只是一种治疗手段，而非惩罚，并不像美国人说的那样“你这么干，我要揍你”，那才是惩罚。不过，在进行“艾灸”治疗时，孩子们会感到比挨打还要痛苦。所以，使用“艾灸”治疗后，孩子会知道，他们不能淘气，不然就要受惩罚。

除了对付调皮孩子的办法，日本人还有很多习惯用来培养孩子必备的身体技能。日本人对老师要亲手教孩子极为重视，日本孩子通常也会老老实实模仿。两岁前，孩子要在父亲的指导下学习盘腿端坐。他们要努力将双腿盘起来，让脚背贴着地板。刚开始，这个动作对于孩子很难，孩子们做这个动作时总会摔倒。这种坐姿还要求身体必须平稳，不能乱晃乱动，也不能改变姿势。在日本人看来，只要全身放松并处于被动状态，就能掌握端坐的窍门。之所以要求孩子处于被动状态，是因为在学习盘腿端坐时，父亲要亲手按着孩子的腿，帮孩子把腿摆正。除了学习坐姿，日本孩子还要学睡姿。日本女性对睡姿的优美非常重视，就如同美国女性对自己的裸体很重视，不愿轻易让人看见一样。日本人喜欢裸浴，但是为了得到外国人认同，日本政府特地废除裸浴，并视之为陋习。日本人并不在意在公众面前裸浴，但他们非常看重女性的睡姿。男性睡觉可以采取任意姿势，但女性睡觉必须双脚并紧，直着身子。这也是日本人幼年时接受自我修养训练的男女差别之一。和日本社会中的其他行为规范一样，这种行为规范也是对上等阶层比对下等阶层更严格。日本杉木夫人（悦子）出生于一个武士家庭，她谈到自己在武士家庭中接受的教养时说："从我记事开始，每天晚上都要极其小心，而且非常安静地躺在小木枕上……不管在什么场合，武士的女儿即使睡觉也要做到身心不乱。男孩睡觉可以把四肢叉开呈'大'字形，可以手脚乱放。但是女孩睡觉必须小心谨慎，姿势要端庄，表现出'自制'的精神。"还有一些日本女性说，晚上睡觉时，母亲或奶妈总要帮她们把手脚摆放规矩。

教小孩学习传统书法艺术时，老师会亲自握着孩子的手教。这样能让孩子"体会感受"。孩子不会写字或不会认字时，老师会让孩子先体会那种缓慢而有节奏的运笔方法。在近代社会，这样的授课方式已经不常见了，但仍然还有一些。让孩子行礼、射箭，或者背枕头（代替背婴儿），都是在教孩子如何运笔以及教他们把身体摆正。

除上等阶层，其他阶层的孩子在上学前会和邻居的孩子自由玩乐。

农村孩子不满三岁时就会开始聚在一起玩游戏。在乡镇和城市，也能时常看见孩子们在喧哗的街头，或者在车辆出没的场所自由玩耍。日本孩子是属于有“特权”的人，既可以在商店周围转来转去，也可以安静站在旁边听大人谈话，或者踢石子、玩橡皮球。孩子们也会聚集在村社中玩耍，据说村社中的神祇能保护他们的安全。上学前和上学后的两三年里，男孩可以和女孩一起玩。不过多数情况下，同性之间总比异性之间亲近，同龄孩子更容易成为朋友。这样的伙伴通常可以持续一生，尤其是在农村。在须惠村，年迈的人“随着性关系逐渐减退，同年集会成为人生的乐趣。须惠村有句俗话：“同伴比老婆还要近。”

对学龄前儿童来说，伙伴之间无拘无束。在西方人眼中，日本孩子的很多游戏都具有猥亵意义。日本孩子往往很小就有性意识，这一方面是由于大人可以在孩子面前随意聊天，另一方面是因为日本家庭的居室比较狭窄。母亲给孩子洗澡或者逗弄孩子玩时，通常会对孩子的生殖器指指戳戳，尤其男孩的阴茎。通常来说，只要注意场合和对象，日本人对孩子们的性游戏并不责备，也不认为孩子手淫是危险的。男孩之间可以对彼此的生殖器相互揭丑（如果大人揭丑，就是一种侮辱）、相互炫耀（如果大人这样做，会引起耻辱感）。此时，日本人只会平静地笑笑，说，“孩子们不知道什么是羞耻”，还补充说，“所以他们才幸福”。这就是幼儿和成年人之间的鸿沟。如果我们说哪位成年人“不知羞耻”，就等于是在骂那个人死不要脸。

孩子们在一起会经常议论自己和对方的家庭、财产等情况，尤其会炫耀自己的父亲。他们会说“我爸爸的本事比你爸爸大”“我的爸爸比你爸爸聪明”，等等。这都是孩子们经常说的话题。孩子们甚至还会为了夸耀父亲而打架。在美国人眼里，这些行为不值一提，但是在日本，孩子们自己的说法往往与他们听到的是两回事。例如，大人会谦称自己的家是“敝宅”，把邻居的家称为“府上”，谦称自己的家为“寒舍”，尊称邻居的家为“贵府”，等等。他们认为，在人的幼年期，从孩子能够互相结伴玩耍开始到小学三年级，也就是大约9岁左右，都具有强烈的个人本位主义。在游戏中，孩子们有时会说“我当主君，你当家臣”，或者说“不行，我不当家臣，我要当主君”。有时，孩子们会炫耀自己，贬低别人。孩子想说什么就可以说什么。随着年龄增长，他们知道有的话不能说，于是就静静等着，人家不问就不开口，也不会再炫耀。

孩子们在家里学习对待超自然神灵的态度，而不是由神官或僧侣“教”孩子。通常情况下，日本儿童只会在民族节日中才会接触到宗教，此时，神官会把祛灾水洒到孩子和其他参拜者身上。祭拜日中，大人会带孩子参加佛教仪式。孩子们的宗教经验主要来自以家中佛坛和神龛为中心举行的家庭祭祀活动。在祭祀家族祖先的灵位前，供奉着鲜花、香火和神圣的树枝。每天，祖先灵位前还会供奉食物。在家里，年长的人要向祖先汇报一切大事，每天都要跪拜，傍晚还要在灵位上点燃小小的油灯。日本人通常不愿在外过夜，因为离开家中每晚的祷告仪式，他们心里会不踏实。他们家中的“神龛”是一种简单的棚架，专门供奉从伊势神宫取来的神符等，或者摆放各种供品。他们厨房中的灶神被烟熏得很黑。他们的窗户和墙壁上都贴着很多护符，这些护符能保证家中安全。村里的神殿也是一个安全的地方，因为这里有慈悲的神在镇守、护佑。母亲喜欢让孩子在安全的神殿内玩耍，日本孩子对神似乎没有恐惧心理，也不会刻意让自己的行为符合神意。在日本人看来，众神受人礼拜并赐福于人，众神并不具有权力。

小学二三年级的男孩要开始进行真正的“自我修养训练”，并开始学习成年人谨慎的生活模式。此前，孩子们只是学习如何控制身体。如果孩子很淘气，家长会用各种方法“治”他，分散他的注意力。大人会和蔼地教导孩子，有时也会“嘲弄”孩子。不过，孩子可以任意行事，甚至可以用粗暴的态度对待母亲。孩子小小的自我中心会得以“成长”。这种情况在孩子刚上学时没什么变化。一般来说，小学前三年男女同校。不管男老师还是女老师都很喜欢孩子，并与孩子平等相处。但是，家庭和学校总在不断告诫孩子说，不要让自己陷入“难堪”。孩子年龄很小，不懂得什么是“羞耻”，但需要教导他们别让自己“难堪”。例如，有个故事说村里本来没有狼，可是有个男孩总是瞎喊“狼来了！狼来了！”，开始人们真的以为狼来了，后来发现是男孩搞恶作剧就再也不相信了。结果有一天狼真的来了，并把男孩吃了。大人们用这个故事教育孩子说：“如果你也愚弄别人，别人就不会相信你，那是一件难堪的事。”很多日本人说，自己做错事时，最先嘲笑他们的是同学，而不是家长或老师。事实也是这样。在家里，父母不会真的嘲笑孩子。家长们只是循序渐进地把受人嘲笑和必须按照“对社会的情义”生活的道德观结合起来教育孩子。六岁左右，家长就要把为忠义献身的故事（如义犬报答主人的恩情）中提倡的义务，变成一系列对孩子的约束。家长会对孩子说：“如果你这样，别人就会耻笑你。”这样的规则很多，因时因事不同，其中大多数规则都与礼仪有关。这些规则要求孩子的个人意志服从于对邻居、家庭、社会、国家的义务。孩子必须自我控制，并要认识自己需要承担的“债务”。在这样的教育中，孩子会逐渐处于一种欠恩负债的地位，如果想还清恩情债，就要小心谨慎地为人处事。

这种变化来自把孩子幼儿期受到的“嘲弄”，以新的严肃认真的态度，灌输给正在成长的男孩。八九岁时，孩子可能就会受到来自家人的排斥与打击。如果老师告诉家长说孩子在学校不听话，有不好的举动，或者操行分数不及格，家里人就不会理睬他。如果有人指责孩子在小店里干了一些淘气的事儿，就意味着孩子侮辱了“家庭的名誉”，会受到全家人的批评。我认识两个日本人，他们十岁前，曾两次被父亲赶出家门。因为羞耻，他们也不敢去亲戚家。在学校里，他们还受到了老师的处罚。他们只好躲在外面的窝棚里，直到被母亲发现，并在母亲的调解下才回家。小学高年级的孩子有时还会被关在家里“悔过”，并专心致志地写日记。日本人很重视写日记。他们总是把男孩看作社会的代表。孩子一旦受到来自社会的责难，全家人都会反对他。因为他违背了“对社会的情义”，自然不能得到家庭的支持，更不指望同龄伙伴支持。犯了错误后，同学会疏远他。要让同学理他，他就必须赔不是，还要发誓不犯同样的错误。

就像杰佛里·格拉说的那样：“值得一提的是，从社会学的角度来看，这种约束达到了不同寻常的程度。对其他民族来说，在有大家族或其他宗派团体的活动中，如果一方集团的成员受到其他集团成员的非难和攻击，这方集团的所有成员就会一致攻击对方。只要受到攻击的这个人继续得到本集团的认同，就能得到充分的支持，并敢于和其他集团的人对抗。但日本人却不这样。在日本，只有得到其他集团的承认，才能得到自己集团的认可与支持。如果其他集团的人不赞同他或者非难他，自己集团的人也会反对他、惩罚他，直到其他集团不再非难他为止。因此，对日本人来说，外界环境的赞同对他们具有重要意义，这也是其他任何社会不能相比的。”

八九岁前，女孩的教育与男孩的教育几乎一样，只是一些细枝末节有所不同。在家里，女孩受到的约束比兄弟们多，做的事也多，虽然小男孩有时也要照顾婴儿。女孩子总是最后得到礼物和关怀。女孩子的脾气也不像男孩子那样暴躁。不过，在亚洲少女中，日本女孩拥有的自由度让人惊异。日本女孩可以穿鲜红的衣裳，可以和男孩一起玩耍、吵闹，也经常不会服输。在幼儿期，女孩“不知耻”，但是从六岁到九岁，她们会慢慢懂得对社会的责任。她们遇到的情况和体验也基本上和男孩一样。九岁后，学校就会分男生班和女生班，男孩们会团结在一起，并对这种新建立起来团结很重视。男孩排斥女孩，害怕别人看见自己和女孩子说话。母亲也告诫女孩不要和男孩交往。日本人认为这个年龄阶段的少女通常忧郁寡欢，不喜欢外出，难于教育。日本女性解释说这是“童欢”的终结。女孩子的幼年期因为受到男孩子的排挤而结束。随后很多年里，对女孩子的教导都是“自重再自重”，这样的教导会持续终生，不管是订婚还是结婚后。

男孩懂得“自重”和“对社会的情义”时，并不一定已经懂得日本男人应该肩负的义务。日本人说“男孩从十岁开始就要学习‘对名誉的情义’”，意思就是“在受辱时要感到憎恶”。日本男孩还必须学习在哪种情况下可以直接攻击对方，在什么情况下要使用间接手段洗刷自己的污名。日本人并不是要孩子在受到侮辱时反击。男孩很小时就学会了以粗暴的态度对待母亲，还会和其他同龄孩子互相诽谤、争辩，所以，他们没有必要在十岁以后学习如何进攻对手。但是，在“对名誉的情义”中，要求十几岁的少年也必须服从这一规范，并把自己对他人的攻击方式纳入社会公认的模式，还提出了一些在特定情况下的处理办法。就如我们在前面叙述的，日本人经常把攻击性的暴力行为指向自己而不是别人。孩子也一样。

读完小学六年级继续升学的孩子，会马上面对中学入学考试的激烈竞争。每个考生之间，每门学科之间都有竞争。这些孩子马上就要承担“对名誉的情义”的责任。他们对这种竞争没有什么经验，因为在小学和家庭中几乎就不存在什么竞争。这种突如其来的新经验使竞争演变得更激烈，也非常让人担忧。孩子们相互竞争名次，甚至怀疑别人是否有私情，等等。但是，日本人在回忆往事时，谈论得最多的并非这种激烈的竞争，而是中学高年级学生总有欺侮低年级学生的习惯。高年级学生想方设法欺负低年级学生，对他们颐指气使。他们想办法捉弄低年级学生，并让低年级学生为此感到憎恨。因为日本男孩一般不会把侮辱当作开玩笑。如果低年级男孩被迫在高年级男孩面前表演奴颜屈膝、四肢爬行，就会在事后咬牙切齿，并伺机报复。如果不能马上报复，就会更加怀恨在心。因为他认为这样的事关系到“对名誉的情义”，是道德问题。或者等过几年，他还会利用自己家族的势力，把对方从工作职位上拉下来，或者不断苦练剑术或柔道，毕业后在大街上让对方出丑，当众复仇。总之，如果不能报仇，就会始终觉得自己“心事未了”。这也是日本人总是互相复仇的主要原因。

小学毕业后，没有升入中学的少年会应征入伍，在军队训练中，他们通常也有同样的体验。平时，每四名日本青年中就有一人会应征入伍。军队里的二年兵对一年兵的侮辱，远远比中学里高年级学生对低年级学生的侮辱厉害得多。军官们也不会过问，甚至士官也只在特殊情况下才会过问。在日本军队的行为规范中，第一条就是受侮辱后向军官申诉是丢脸的。士兵之间的争执通常都由士兵自己解决。在军官看来，这是煅炼部队的好方法，所以不会参与其中。于是，二年兵就会把自己在前一年中受到的侮辱，全部发泄到新兵身上，并想方设法侮辱一年兵，显示自己“煅炼”的水平。据说日本人一旦接受了军队教育，往往就会变成另外一个人，成为“真正黩武的国家主义者”。不过，这并非因为军人接受了极权主义国家的理论教育，也不是为了忠于天皇，而是经历了各种屈辱后做出的转变。那些来自日本家庭，从小接受地道的日本式教育，对“自尊”非常敏感的青年，一旦陷入这种境遇，就会变得非常野蛮。因为他们不能忍受屈辱，并把这种折磨解释为排斥，他们自己也会变成捉弄别人的高手。

在近代日本社会，中学和军队里发生的这些事，都与日本古老文化传统中对孩子的“嘲笑”和“侮辱”有关。日本人对这类习俗的反应也不是中学或者军队创造出来的。日本因为具有“对名誉的情义”的传统规范，所以嘲弄行为对人的折磨，就比在美国更让人难以忍受。受到嘲弄的人或集团到了一定时候，也会虐待另外一个受难的人或集团，被侮辱的又千方百计报复。这种行为方式与日本人古老的行为模式是一致的。很多西方国家都有找替罪羊发泄积愤的民俗，但日本不是这样。在波兰，如果一名新学徒或年轻的收割手被嘲弄，他不会向嘲弄自己的人泄恨，而是对下一代徒弟或收割手发泄。虽然日本少年也用类似的方法消除怨恨，但他们更看重直接复仇。受虐待的人必须直接报复虐待者，才会“感到痛快”。

在日本战后重建的过程中，关心日本前途的人，应该对战前日本成年学校和军队里这种侮辱青少年、戏弄青少年的习俗，给予高度注意。学校里应该提倡“爱校精神”和“老同学关系”，防止以大欺小，以高压低的事情发生。在军队里，必须禁止虐待新兵。虽然无论是各级军官还是老兵都应该对新兵进行严格训练，但这种训练不能变成侮辱，而嘲弄和虐待就是侮辱。在学校和军队里，如果有高年级学生或者老兵要低年级学生或新兵摇尾装狗，或者在别人吃饭的时候让他们“立大顶”，都应该受到惩罚。如果能在这方面发生变化，那么这种再教育显然比否定天皇的神格，以及从教科书中删除国家主义等内容更有效。

日本少女不需要学习“对名誉的情义”的准则和规范，也不会有男孩子在中学和军队训练中的体验。日本少女的生活比男孩子平稳。从懂事时起，她们接受的教育就是：不管什么事情都是男孩优先。礼物、关怀都由男孩优先享有，女孩子没有份。日本女性必须遵守这样的处事规则：她们没有公开表白自我主张的权力。不过，在婴幼儿时期，女孩儿的待遇也和男孩儿一样，能充分享受幼儿的特权生活。她们在幼女时期可以穿鲜红的衣裳，长大成人后就不能再穿鲜艳的衣裳了，只有在人生第二个特权时期，即六十岁以后再穿。在家里，她们和男孩一样，可以受到彼此关系并不是很好的祖母和母亲的疼爱。此外，弟妹们也总是会要姐姐，也要家中其他人与他“最亲”。为了表示最亲，孩子会要求和她一起睡觉。她还经常把祖母给自己的恩惠分给两岁的幼儿。日本人不喜欢单独睡觉。夜里，年幼的孩子可以紧裹被子挨着他喜欢的年长者。对日本孩子来说，两个人的睡床紧挨在一起就表示“你对我最亲”。九岁或十岁以后，女孩子就逐渐受到男孩子的排斥，不过，她们可以在其他方面得到补偿。女孩子可以炫耀自己的新发型。在日本，十四岁到十八岁的小姑娘的发型是最讲究的。此时，女孩子还可以穿丝绸衣裳，而此前，她们只能穿棉布衣裳。在这个时候，家里人也会千方百计打扮她们，让她们更漂亮。于是，女孩子也在某种程度上得到了满足。

女孩子必须遵守各种约束。她们会直接承担这些义务，并不需要父母强制。对女儿行使家长权时，父母选择的手段通常不是体罚，而是平静而坚定地期待女儿按要求生活。下面，我们讲述一个关于这种教养方式的极端例子，它说明日本女孩在一种没有权威的压力下接受的教育。稻垣钺子（即前面提到的衫本悦子）六岁时，就跟一位博学的儒学教授学习汉文经典：

在两个小时的授课中，老师一直端坐着，只有双手和嘴唇在动。我也端坐在老师面前的榻榻米上纹丝不动。有一回上课，我感觉有点不舒服，身子就动了一下，双膝屈起的角度稍微有些偏移，老师的脸上立刻露出不满意的神色。老师轻轻合上书，既严肃又慢条斯理地对我说：“姑娘，你今天的心情不适合学习，回房间去好好想想吧。”我被羞得无地自容，但是没有办法。我先向孔子像行礼，然后再向老师行礼道歉，最后毕恭毕敬退出书房。我小心翼翼走到父亲跟前，像平常课上完了一样向父亲汇报。父亲很吃惊，因为时间还没有到。父亲似乎毫不在意地说：“你的功课学得这样快啊？”父亲的这句话就像丧钟一样。今天，我一想起这事心里就感到一阵隐痛。

杉本夫人还曾经描写过她的祖母，并描述了日本父母对待子女时态度的显著特点：

祖母的态度很安详，她希望每个人都能按她的想法做。虽然祖母既不会斥责，也不会争辩，但是她的希望犹如真丝，柔软而坚韧，这使得她的小家族按照她认为正确的方向前进。

这种“犹如真丝，柔软而坚韧”的“希望”之所以能收到良好的效果，就在于每种行为规范的训练都非常明确。日本女孩要学到的不仅是规则，也有习惯。幼儿期，她们要学习正确使用筷子，练习进入房间的正确姿势；成年后，要学习茶道和按摩。这一切都由长辈手把手地教，并反复练习，直到娴熟成为习惯。长辈们并不认为孩子到了一定的时候“会自然而然地学到”正确的习惯。杉本夫人十四岁订婚，她曾经描述自己如何学习伺候未来的丈夫用餐。订婚前她从没见过未来的丈夫。当时丈夫在美国，她在日本越后。可是，她在母亲和祖母的监厨下，反复“下厨做几样据哥哥说松雄（她未来的丈夫）特别爱吃的食品。我假想他在我的身边，我要为他夹菜，总是劝他先吃。我学习如何关心丈夫，并使他感到愉快。祖母和母亲也总是假装他就在眼前一样，问这问那。我也很注意自己的服饰与动作，犹如丈夫真的在房间里。我就这样学会了尊重丈夫，尊重我作为他妻子的地位”。

虽然男孩受到的训练不像女孩那样严格，但也要通过实例和模仿接受细致的训练。学习了习惯后，就不能再违反习惯。然而，青春期过后，有一个重要的生活领域要依靠自己的主动去学习。长辈们不会教他求爱的习惯，家里也禁止公开表示性爱行为。从孩子九岁或者十岁开始，没有亲属关系的男孩和女孩就不能同席而坐。日本父母会在男孩对性感兴趣前就为他订下婚约。所以，在日本人的文化中，男孩接触女孩最好的态度是“含羞”。在农村，男孩常因这个话题被取笑，而这总令他们“害羞”。不过，男孩子仍然要学习。不管过去还是现在，在偏僻的农村，很多姑娘出嫁前就怀孕了。婚前性行为是不属于人生大事的“自由领域”，父母亲议婚时也并不在乎这些事。不过今天，如同须惠村的一位日本人对恩布里博士说的，在日本，甚至连女佣人都知道必须保持贞洁。进了中学的男孩也被禁止和女孩交往。

日本的教育和舆论体系都竭力宣传并防止男女婚前有亲密交往。在日本影片中，随便对年轻女性表示亲昵的男性被看作是“坏”青年，日本人认为那些对可爱少女采取美国人眼中冷酷、甚至粗野态度的才是“好”青年。对女人表示亲切意味着男人“放荡”，或者是追逐艺伎、娼妇、咖啡女郎的人。他们认为，到艺伎馆中学习色情艳事是“最好”的办法，因为“艺伎会教你，男人只需旁观”。他不用担心自己笨手笨脚，也不希望与艺伎发生性关系。但是，能够去艺伎馆的日本青年并不多。大多数青年男性都是到咖啡馆里去看男人怎样亲近女人。不过，这种观察与他们在其他领域中受到的训练并非同一类型。男孩子会在很长时间里担心自己行为笨拙。在他们的生活中，只有极少数行为不需要年长的人手把手地教，性行为就是其中之一。在那些有地位的家庭中，年轻夫妇结婚时，会得到一本《枕草子》之类的书，以及描画了各种性交姿势的画卷。有一位日本人说："这些看书就能学会，就犹如布置庭园一样，父亲并不会教孩子如何布置庭园。但是到了一定年纪后，自然而然就能学会这些嗜好。"日本人认为，性行为和园艺只要看书就能学会。虽然很多日本青年都靠别的方法学习性行为，不过，这仍然非常有意思。不管怎么说，年轻人学习性行为不需要成年人细心教导。这也使得日本青年相信，性属于另外一个领域，与人生大事无关，不需要由长辈亲自教，也不需要严格训练或者培养习惯。在这方面，他们可以自行掌握，尽管他可能为此不安而迷惑。这个领域内的行为规则也是不一样的。男人结婚后，可以毫无顾忌地在外面享受性快乐，这样并不会侵犯妻子的权利，也不会威胁到家庭关系。

但是，妻子却不具有同样的权利。妻子有义务对丈夫忠贞。如果被勾引只能在暗中进行，这是见不得人的。对日本女性来说，很少有隐秘的"私恋"而不被发现的。女性如果神经过敏或者心绪不安，就会被说成"歇斯底里"。"女性经常遇到的困难并不是社会生活，而是性生活，很多精神不正常的女性以及歇斯底里的患者，基本上都是缺乏性和谐。女人在性欲上的满足完全取决于丈夫。"须惠村的村民们说，很多女性疾病都"始于子宫"，然后蔓延到头部。丈夫如果迷恋别的女人，妻子就只能靠手淫解决性欲。不管农妇还是上流社会的贵妇，私下都藏着各种性工具。农妇如果生了孩子，就可以随便谈论性。但是做母亲前，有关性的玩笑一句也不能说。做了母亲后，随着年龄增长，她们可以随意在男女混杂的场合开性玩笑。有时，她们会配合猥亵的乐曲扭动腰肢，摆动臀部，当着座客无所顾忌地跳色情舞。"这种行为一定会引起哄堂大笑。"须惠村的士兵服完役后回家，村人们都要去村外迎接，此时，妇女们女扮男装，互相开下流的玩笑，有时还假装要强奸年轻姑娘。

因此，日本女性在性问题上也有一些自由，身份越低微越自由。在日本女人的一生中，大部分时光都要遵守各种禁忌，但却不忌讳男女之事。她们淫荡，满足男人的性欲。满足男人的性要求时，她们也能克制性欲。女人只要到了成熟年龄，就会抛开性的禁忌。那些身份低微的女人，淫荡更不逊色于男人。年龄不同，场合不同，日本人对女性行为端庄的要求也不同，他们不像西方人那样把女性简单地分成“贞女”和“淫妇”。

日本男人也一样，有时放纵享受，有时节制谨慎，主要看在什么场合。与同性朋友一起喝酒是男人最大的乐趣，此时，他们也乐意有艺伎陪坐在侧。日本人没有节制饮酒的规矩，也乐于醉酒。两三杯酒下肚后，就一反严肃拘谨的状态，互相倚靠着躺在一起，显得亲密无间。喝醉了酒后，只有很少的人“难以相处”，会吵闹，其他人很少有粗暴行为或打架。除了在喝酒这样的“自由领域”，日本男人不会干让别人讨厌的事。对他们来说，如果在生活的重要方面被人指责讨厌，就仅次于他们骂人时说的“混蛋”。

通过日本儿童的教养方式，我们对西方人描绘日本人的矛盾性格有所理解。日本人的育儿方式具有两面性，而且不容忽视。在幼儿期，他们过着有特权的娇纵生活，以后便接受各种自我修养训练，所以日本人始终对“不知耻”的幼儿期保持着快乐的回忆。日本人不需要为未来描绘天堂，在幼儿期他们就已享受了天堂。描绘童年期时，他们会使用自己的术语说人性本善，众神慈悲，以及作为一名日本人无上的光荣。他们很容易使自己的道德观处于极端，并认为每个人的身上都有“佛种”（佛性），死后都能成神。这也使得他们固执而自信，并愿意做任何工作，而不管自己是否有能力。他们敢于坚持自己的意见，反对政府，为了证明自己是正确的，甚至会以死力谏。有时，这样的自信会使他们陷于一种狂妄自大之中。

日本孩子六七岁后就会“谨言慎行”“知耻”，这样的责任会逐渐加在他们身上，并且具有强大的约束力。如果犯错，整个家庭都会反对他们。这样的压力虽然不同于德意志普鲁士人的纪律，但是也难以逃避。在具有特权的幼儿期，父母会固执地训练他们的便溺习惯，会不厌其烦地纠正他们的各种姿式；父母还常常嘲弄他们，吓唬说要抛弃他们，这会为他们此后必须履行义务做好准备。这样的经验会使孩子们更能够接受严格的约束，以免受人耻笑或遗弃。幼儿期那种无拘无束，能够公开表达的冲动都要受到抑制。这些“冲动”不是不好，只是不再适合他们。他们要开始严肃地生活。随着童年特权逐渐被否定，他们被日渐允许获得成年人的享乐。不过，幼年期的经验并不会真正消失，他们会随时从童年生活中吸取经验。他们对“人情”的承认也是在回复幼年期的经验。在成年时期，“自由领域”内的生活又使他们重新回归并体验幼年期。

对日本儿童来说，获得同伴的承认具有很重要的意义，而这总是深深扎根在他们的心灵中。儿童时代前期，孩子在向母亲撒娇时，母亲就会把他放在自己床上睡觉，他会计较自己与兄弟姐妹得到的点心的多寡，并以此判断自己在母亲心中的地位。他很敏感，能够察觉周围人对他的冷淡，有时候可能还会问姐姐：“你是不是最疼我？”在童年后期，他开始慢慢放弃个人的满足，并以此得到“世人”的称赞和接纳，而“世人”的讥笑就是对他们的惩罚。在大多数文化中，教育儿童时都施加了这些压力。可是在日本，这种压力特别沉重。对孩子来说，受到母亲的嘲弄，受母亲威胁说要被丢弃时，就等同于被“世人”抛弃。对他们来说，被同伴排斥比被挨打还要可怕。受到嘲笑和排斥时，他们非常敏感。哪怕这种感觉仅仅浮现在脑海中，他们也会害怕。日本社会很少有秘密可言。他们的所作所为几乎都能为人所知，如果不能被社会承认，就有可能被排斥，这并非主观想象。日本人的房屋板壁很薄，不能隔音，白天往往还敞开着。所以，对那些没有能力修筑围墙和庭院的人家来说，私生活几乎完全公诸于众。

如果儿童的教养是非连续性的，就容易形成两面性格。我们可以从日本人使用的一些象征来了解这点。在幼年期，他们性格中建立的是“不知耻的自我”，他们在成年后时常揽镜自照，看看自己究竟还保留有儿时的多少天真。他们认为镜子既不会培养虚荣心，也不会反映“自我”，而是反映灵魂的深处，“反映永恒的纯洁”，人会从中看到“不知耻的自我”。在镜中，他们将自己的眼睛当作灵魂之“窗”，这有助于他作为“不知耻的自我”生活。在镜子中，他还能看到理想中的父母形象。据说有些日本人镜不离身。有的人还会在家中佛坛上放一面特别的镜子，以“自己祭自己”“自己照自己”的方式，静观其身，反省灵魂。这虽不同寻常，却并不费事，因为几乎日本所有家庭的神龛上都放了镜子作为神器。战争年代，日本广播中还特意播放过一首歌，称赞几名女学生自己掏钱买了一面镜子放在教室里；人们并不认为这是虚荣心的体现，而认为是从她们心灵深处焕发出来的、为目标献身的精神。对镜自照是用来测试精神是否高尚的外观活动。

日本人对镜子的感情，在孩子心中培植“观我”的观念之前就有了。照镜时，他们没看见“自我”，但镜中反映的自我却如他们的童年时代，是善良的，不需要用“耻”来开导。镜子被赋予的象征性也成为日本人进行自我修养训练达到“圆熟”的基础。在自我修养的煅炼中，他们努力消除“观我”，以求回归儿童时代的直率与天真。

虽然幼儿期的特权生活对他们具有各种影响，但他们并不认为在童年后期，以耻感作为道德基础的各种约束行为是在剥夺特权。就像我们在前面说过的一样，自我牺牲这个概念来自基督教。日本人经常攻击这种看法，否认自己在牺牲这一观念。哪怕在生命最后，他们也说自己是“自觉自愿”为“尽忠”“尽孝”，或者为“情义”而死，却不认为这是属于自我牺牲的范畴。他们说，像这样自愿死去正是自己想达到的目标，否则就是“犬死”，毫无价值。“犬死”翻译成英语是dog's death，即穷困潦倒而死。日本人还有一些不那么极端的行为，翻译成英语也是self-sacrificing（自我牺牲），但日语中是属于“自重”的范畴。“自重”意味着克制，它和克制具有同等价值。人要做成大事业必须克制自己。美国人认为，自由是实现目标的必要条件，但是日本人认为仅此是不够的。他们认为只有克制才能使自我更有价值。这种观念也是日本人道德的主要信条。不然的话，他们又如何对冲动而危险的自我进行控制呢？这些冲动，有可能扰乱正常的生活。就像一位日本人说的：

> 年年月月，漆坯上的漆层涂得越厚，漆器就越贵重。一个民族也是如此。……人们在说到俄罗斯人时，说“在俄罗斯人的外表之下，隐藏着鞑靼人”；谈到日本人时也可以说“在日本人的外表之下隐藏着的是海盗”。不过，请记住，日本的漆是珍品，是用来制作工艺品的材料而非掩盖瑕斑的涂料，它没有杂质，并与坯质同样精美。

日本男性行为的矛盾性令西方人诧异，这是由于儿童期教养的不连续性造成的。他们往往记得自己的幼年期，在这期间，他们是自己世界的神，可以任意妄为，甚至还能攻击别人，似乎所有欲望都能得到满足。后来，这样的记忆虽然几经修整，仍然存留在他们的意识深处。正是这种根深蒂固的二元性，才使得他们在成人以后，既能沉湎于罗曼蒂克的恋爱，也能绝对顺从家庭安排的婚姻；既能享受安逸与快乐，也能不顾一切承担极端的义务。谨慎的教育使得他们行动懦弱，但他们又很勇敢，甚至勇敢得接近鲁莽。在等级制中，他们既能表现出驯服，又不会轻易接受上级的驾驭；他们殷勤有礼，但又傲慢不逊。在军队中，他们能接受盲从的训练，但又顽固、不易驯服；他们是坚定的保守主义者，但又容易被新的生活方式吸引；他们学习过中国的习俗，也汲取了西方的文明，这就是证明。

这种性格的二元性，使日本人容易紧张。面对各种紧张，日本人的反应并不一样，虽然每个人都要对同样的问题做决定。他们要协调幼儿期享受到的宽容和快乐与后来生活中体验到的种种束缚之间的矛盾。对许多人来说，这个问题难以解决。有的人像道学家，能够一丝不苟地约束自己，害怕纵情享受会与实际生活冲突。由于纵情享乐并不是一种幻想，而是他们确实有过的经历，所以，这种担忧才更严重。他们墨守成规、态度超然，认为自己是能够发号施令的权威。还有一些人意识分裂。他们对自己心中积郁的反抗情绪感到害怕，故意通过表面的温顺加以掩饰。他们的思想沉浸在日常琐事中，并防止自己意识到真实的感情。他们每天机械地演习毫无意义的生活常规。还有的人因为对幼儿期的生活非常留恋，所以成人后面临社会对他们的要求时焦虑重重。他们试图依赖别人，但是年龄不允许他们这样做。在他们看来，任何失败都是对权威的背叛，所以很容易陷入紧张中，凡是不能按常规处理的意外情况都会让他们恐惧。

这些是日本人极度担心自己受排斥或非难时面临的危险。如果没有过度的压力，他们在生活中就既能够享受乐趣，也会保持幼年时期培养出来的不轻易伤害他人的情感。这是一种了不起的成功。幼年时代的经历使他们具有自信。此时，罪感意识并未成为负担。此后，他们所受的各种束缚，都是为了能够与身边同伴协调一致，义务也是相互的。虽然在某些事上，个人愿望会受他人干涉，但是在一些规定的“自由领域”中，仍然可以满足感情的冲动。日本人向来以陶醉于各种自然乐趣而闻名，比如观赏樱花、赏月、赏菊、远眺新雪、在屋内挂个虫笼子听虫鸣、赋诗、修饰庭园、插花、品茗等。很难想象，心中有烦恼，或者具有侵略心理的民族会喜欢这些活动。日本人追逐享乐时并非消沉颓废。在战前，日本农村闲暇生活的愉快活泼，工作时的勤劳努力，并不逊色于任何其他民族。

但是，日本人对自我的要求很多。为了不被世人疏远和毁谤，他们必须放弃愉快的个人乐趣。面对人生重大事情时，他们必须抑制这种冲动。少数人违背了这些规矩，可能会丧失自尊。对自尊自重的人来说，生活的准绳并非明辨“善”“恶”，而是迎合世人的“期望”，避免让世人“失望”，并把自己个人的要求埋葬在群体的“期望”之中。这样的人才是“知耻”而谨慎的善人，才能为自己的家庭、家乡、祖国增光。因此，日本人由此产生的紧张感很强烈，并表现为一种巨大的力量，使日本成为东方领袖与世界强国。可是对个人来说，这种紧张感却是一种负担。人们高度紧张，害怕失败，害怕自己在工作中付出巨大代价后又不被人重视。有时，他们会把内心的积愤爆发出来，有时会产生极端的攻击性行为。日本人被激起进攻时，并非像美国人一样，是因为自己的主张或自由受到威胁，而是因为察觉自己受到了侮辱或者诽谤。此时，只要有可能，日本人危险的自我就会向诽谤者发泄出来，如果不能向别人发泄，他们也会向自己发泄。

日本人为他们的生活方式付出了巨大代价。他们自愿放弃了最基本的自由，这些自由被美国人视为像呼吸空气那样理所当然。但是，我们要记住，日本人从战败以来就在追求民主。如果他们能够无所顾忌地行动，一定会感到狂喜。杉本夫人曾经对她在东京一所教会学校学习英语时，能够随意种花植树的喜悦心情有过出色的描写。当时，老师给每个女学生分配一块园圃，并提供她们需要的种子。

> 这块可以随意种植的园圃，赋予了我关于个人权利的全新感觉。……我对人的心中竟然能够有这样的幸福感到了惊异。……我这样的人，从来不会违背传统，不会玷污家名，不会惹父母、老师、邻居生气，也不会损害世界上的任何事物，可是现在我竟然也能自由行动了。

当时，其他女学生都种花，只有她打算种马铃薯。

> 对我种马铃薯谁也不理解，而正是这种类似荒谬的行为，赋予了我一种自由的心情。自由之神在叩我的心扉。

这个世界是崭新的。

> 在我家花园中，有一块土地我特意让它荒芜，这是为了保持天然的野趣。可是，又总是有人在修剪松枝，整修树篱。每天清晨，老大爷还会清扫石阶，并把松树下的那块地方打扫干净，然后把从林中采来的嫩绿的松针细心地撒在上面。

对杉本夫人来说，这种刻意营造出来的天然野趣，如同她所受的教育一样，就是要伪装自己的真实想法。这样的伪装在日本随处可见。日本庭园中那些埋在地下的巨石，至少有一半都是经过了精心挑选的，并从其他地方运来，还用小石块铺底。庭园里，巨石的布置要求与流泉、屋宇、矮灌木丛、树木互相映衬。菊花也是盆栽的，并准备参加每年各处都要举办的菊展。菊花的每朵花瓣都经过了栽培者细心的修整，为了保持它们的形态，还常用看不见的金属线圈将它们系着。

杉本夫人将菊花上的金属线圈取掉了。此时，她的心情非常激动，欢悦而纯真。盆栽的菊花，因为花瓣总在受人摆弄，所以回复自然之后，就显出了满心欢悦。今天，日本人不再考虑他人的期望，他们对“耻”的压力也提出了怀疑。这样的自由可能会在某种程度上破坏他们生活方式的微妙平衡。在新的环境中，他们要学习新的制约方式。变化需要付出代价，建立一种新观点和新道德都不容易。西方人虽难以想象日本人会立即采用新道德标准，并将其变为自己的东西，但也不应该认为日本最终不会建立一套相对自由宽容的伦理规范。生活在美国的日本第二代移民，已经不具备日本道德的知识与实践，他们的血液中，也不再需要墨守日本人惯有的行为规范。而生活在日本国内的日本人，也有可能在新时代建立一种不像过去那样要求自制义务的生活方式。菊花可以摘除其枝茎上的金属线圈，没有人工的摆布一样会美丽多姿。

在精神自由日益增加的过渡期，日本人也许能够借助两三种古老的传统习俗，保持自身的平衡，这其中之一就是“自我负责”的精神，即他们说的要自己负责擦掉自己“身上的锈”。在这形象的言语中，身体被比喻成刀，而佩刀的人有责任保护刀的光洁锋利，人也要对自己的行为后果负责。他必须承认并接受由于自身弱点、不坚定、无效性而导致的一切后果。日本人对自我负责的解释比自由的美国人更为严格。在这一意义上，刀并不是进攻的象征，而是用来比喻具有理想和敢于自我负责的人。日本儿童的教养方式和行为规范，已经使自我负责的德性深入人心。并成为日本精神的一部分。如今，日本人已经在西方文化的意义上提出了“放下刀”（投降），但是在日本文化的意义上，他们会继续关注如何让心中那把易锈的刀能够保持光洁。就如同日本人的道德术语所说，这把刀是即使在自由、和平的世界中也能保存下来的象征。

第十三章　投降后的日本人

美国人完全可以因为他们战后对日本管理方面发挥的作用而自豪。1945年8月29日，美国通过电台，发布了国务院、陆军部、海军部的联合指令，并由麦克阿瑟元帅成功地付诸实施。但是，由于在美国报刊、电台中，对它或称赞或批评的报道都具有党派色彩，因此，这项政令实施的真实理由也被弄得暧昧不明。这项政策究竟是否恰当，只有对日本文化有深刻了解的人才清楚，而这样的人寥寥可数。

日本投降时，美国人面临的一个重要问题是，他们对日本的占领究竟是属于什么性质？对日本原有的政府机构，包括天皇，是继续让它存在，还是彻底废除？美军政府是否应该对日本每个县市的行政事务进行管理？当时，盟军占领了意大利和德国后，他们在每个地区设立了A. M. G（盟军临时政府）总部，然后把这些地区的行政权牢牢地掌握在盟军行政官员的手中。最初占领日本时，在太平洋地区的A. M. G官员也计划在日本建立这样的管理体制。当时，日本人并不清楚自己在行政方面的职权能够保留多少。在《波茨坦公告》中说，“凡是盟国指定的日本国内的地区都必须占领，以保证盟军的根本目标”，并说要对那些“欺骗或者错误领导日本人民，试图狂妄征服世界的权威和势力”进行永久性的清除。

在美国国务院、陆军部、海军部对麦阿瑟将军发出的联合指令中，对上面所说的各个细节都作了重大决定，并得到了麦克阿瑟将军所领导的美军司令部的支持。根据这项政策，日本的行政管理事务和重建工作，仍然由日本人自己负责。“只要能促进并满足美国的目标，最高司令官（麦克阿瑟将军）将通过日本政府机构，以及包括天皇在内的各行政机关行使权力。日本政府将在最高司令官的指示下，在内政方面行使正常的权力”。所以，美军对日本的管理，与盟军对德国和意大利的管理，存在着很大的区别。明确地说，就是美军司令部自上而下地利用日本各级官僚机构进行管理。美军最高司令部会把行政通告发给日本政府，而不是日本国民或某些市县的居民。美军最高司令部的任务是为日本政府制定工作目标。如果某位日本内阁大臣不愿实施美军最高司令部的工作计划，就可以提出辞职。不过，如果日本内阁大臣的建议是对的，美军最高司令部也会对工作规定进行修改。

这是一项大胆的举措。对美国政府来说，这么做具有明显的好处。就像当时的希德林将军说的：“对日本政府进行利用，在占领日本后采取的这种管理方式是有好处的。如果不利用日本政府机构，那么为了管理一个拥有七千万人口的国家，美国政府就必须直接运转一个复杂的行政机构。可是，日本人的语言、生活习惯、行为态度等，都和美国人截然不同。所以，对日本政府进行‘净化’和利用，使美国政府节省了时间、人力和物力。也就是说，在美国政府的要求下，由日本人自己整顿国家，美国政府只提供具体的指导。”

当这项政策在华盛顿制定之后，很多美国人都担心日本人将采取傲慢和敌对的态度，他们认为，一个怒目而视并伺机报复的民族，一定会对和平计划进行消极抵制。可是后来的事实证明，美国人的担忧是多余的。因为日本民族的社会习俗和文化传统太特殊了，而与他们作为战败民族和战败国的身份无关。世界上可能再也没有一个民族能够像日本人这样，能够顺利地接受这样的政策。在日本人看来，接受这一政策，将帮助他们从严酷的战败现实中消除屈辱，并促使他们能够施行新的国策。所以，日本人的独特文化和独特性格，使他们接受了这一政策。

美国人并没有对和谈条件的宽严进行争论。事实上，真正的问题不是宽严，而是能否将日本人传统的、危险的侵略性模式彻底摧毁，并建立新的目标。日本国民的性格和传统的社会秩序与文化习俗，决定着实施的手段。例如：在普鲁士民族的家庭生活和市民们的日常生活中，都具有根深蒂固的权威主义，所以，对德国就要制定适合他们的和谈条件。对日本人的和谈条件显然不同于德国。德国人和日本人不一样，德国人并不认为自己对社会和历史“亏欠”什么，他们努力奋斗的目的并不是为了偿还债务或者恩情，而是不想成为牺牲者。在德国，父亲代表权威，和其他在社会组织中居于高位的人一样，用德国人自己的说法“强迫别人尊敬他”。如果他得不到尊敬心里就会不舒服。所以，在德国人的家庭中，每一代儿子都会在自己的青年时期对权威的父亲进行反抗。可是，等他们长大成人后，就和自己的父母一样，仍然要屈服于单调乏味、缺乏激情的生活。所以，德国人一生中的最高峰是他们处于叛逆的青年时代。

在日本文化中，人们面对的问题并非极端权威主义，而是日本父亲对儿女的那种关爱，这在西方社会很难见到。在日本孩子看来，与父亲之间的亲密关系是理所当然的。所以，父亲只需要一个眼神或者稍稍改变一下说话的语调，儿女就会按他的意愿行事。但是在日本，父亲并不是幼儿的严师，日本人在自己的青年时期也不会反对父亲。反之，日本孩子一进入青年时期，就必须驯服于家庭责任。在日本人看来，尊重父亲是为了“学习”和“自我修养训练”，即日本父亲是被作为尊敬的对象，是等级制社会的象征，也是能够正确待人接物的人格象征。

日本儿童在早期和父亲的接触中，就将学到这种态度，而且这成为整个日本社会的模式。那些处于等级制社会的上层，并且受到了尊敬的人，他们并不具有什么专断的权力。在等级制社会中，位居首脑地位的官员也不具有什么实权。上自天皇，下到社会底层，都自有顾问和隐蔽的势力在幕后操纵。20世纪30年代初，日本黑龙会的一位领袖对东京一家英文报纸记者发表谈话，明确说明了日本社会的这个侧面。他说：“我们的社会是一个三角，其中一角被大头针固定住了。”也就是说，大家能够看见桌面上的三角形，可是，用来固定三角形的大头针却是看不见的。三角形有时会右偏，有时会左偏，但不管怎样，它都是在围绕一个隐蔽的轴摆动。用西方人常说的话就是，任何事情都要通过“镜子”来反映。日本人不会让专制权力表现在外部，他们所有行动都要显示对象征性地位的忠诚，而这个象征性地位通常也并不行使实权。如果日本人发现了被剥掉假面具之后的权力的源泉，就会认为那是与自己制度不相称的剥削，就像他们对放高利贷的人和暴发户的看法一样。

因为日本人是这样观察社会的，所以，虽然他们能够反抗剥削和不义，但是却不会成为革命者。他们并不愿意破坏自己的社会组织。他们可以像明治时代那样实行彻底的改革，但是他们不会对制度进行批判。他们称明治时代的变革为“复古”，也就是回到过去，但是他们不是革命者。有的西方人希望日本人能够在意识形态领域掀起一场大规模的群众运动；有的西方人对日本战争期间的地下势力进行了夸大，还指望他们能在日本投降前掌握领导权；甚至还有西方人预言日本激进派势力会在日本战败后的选举中获胜。这些西方人对形势的估计都是错误的。1945年10月，日本保守派首相币原男爵（币原喜重郎）在组阁时，发表的演讲非常准确地表达了日本人的想法。

> 新的日本政府将尊重全体国民的意愿，将具有民主形态……自古以来，天皇的意志就是国民的意志，这就是明治天皇宪法的精神，而我说的民主政治正是这种精神的体现。

在美国人看来，日本人这样解释民主根本就没有意义。可是，在这种“民主”的基础之上，日本国民的自由将容易得到推进，国民的福利也更容易得到改善，这比西方意识形态更有利于日本民主政策的实施。

虽然日本会试行西方的民主政治体制，但是西方的政治制度，也并不是能够改善世界的值得信赖的工具。在西方民主体制中，虽然普选和选举产生的立法机关能解决一些问题，但也会面临许多困难。如果连续遇到这样的困难，日本人就会对美国人的民主体制进行修改。如果那样的话，在美国人看来这场战争就算是白打了。虽然美国人相信自己的民主体制是最好的，但是在日本重建和平国家的过程中，普选却居于次要地位。日本从19世纪90年代试行选举以来，并没有发生根本性变化。小泉八云曾经记载的那些困难，今后可能还是会重复出现的：

> 虽然在激烈的选举中牺牲了许多生命，但是并不存在个人的恩怨。在议会中，或者激烈论战，或者使用暴力，纵然这一切都让外人惊讶，但它们并不属于个人之间的对抗。政治上的争论并不是个人与个人之间的斗争，而是藩阀之间、党派之间

的利害之争。在每个藩阀和党派之中，它们的追随者会把新的政治理解为新的战争，即忠于领袖利益的战争。

在20世纪20年代的选举中，日本农村的选民把选举比喻成从前武士对平民的攻击，并在投票前说："洗好脑袋准备砍头。"今天，日本选举中包含的意义，与美国是不一样的。不管日本会不会推行危险的侵略政策，情况都是一样的。

日本人重建和平国家的动力在于，他们敢于承认自己从前的行动方针的"失败"，并将精力转向另一方面。日本人善变。当他们试图以战争的方式获得在世界上的"适当地位"失败后，他们就可以马上抛弃这种政策。他们在自己民族传统文化中接受的教育，使他们能够随时改变行动的方向。在那些拥有绝对伦理观的民族中，总是相信自己在为原则而战。向胜利者投降时，他们会说："我们失败了，正义也不存在了。"但是，自尊心会促使他们继续寻找"正义"，并力争在下次获胜。有时，他们也会承认自己犯了罪并表示忏悔。可是日本人不一样。日本投降后的第五天，美军还没有在日本岛上登陆，东京就有一家名叫《每日新闻》的大报，对战败及其带来的政治变化进行了评论。社论中说："但这能最终解救日本，对日本人是有好处的。"在这篇社论中，强调每个人都不要忘记日本彻底失败了。既然以武力的方式建设日本的努力失败了，那么，日本以后就要走一条和平国家的道路。还有一家名叫《朝日新闻》的东京大报，也同时发表文章，说日本在近年以来"过于相信军事力量"，这是日本对外政策的"重大错误"，并说"过去的态度使我们一无所获，而且损失惨重。我们应该抛弃这一态度，并采取另外一种立足于国际和平的新态度"。

西方人对这种原则性的转变心存疑虑。但是，对日本人来说，这却是他们为人处事的特点，对待人际关系如此，对待国际关系也如此。当日本人采取了某种行动，却又没有达到目标时，就会认为自己犯了“错误”，一旦失败，他们就会予以抛弃。他们不会固守失败的方针。日本人经常说“噬脐莫及”。在20世纪30年代，日本人认为军国主义是博得全世界人们尊敬的一种手段，可以依靠武力获得其他民族的崇拜，并为此付出了很大的牺牲。1945年8月14日，日本天皇宣布日本投降。于是，日本人迅速接受了战败后的一切，这就意味着，当美军占领日本时，他们欢迎美军；在日本帝国的侵略战争失败之后，他们主动考虑并制定了一部新的摈弃战争的宪法。在日本投降后的第10天，日本的《读卖报知》上，发表了一篇题目为《新艺术与新文化的起步》的社论，社论中写道：“我们必须坚定地相信，军事失败与民族的文化价值是两回事，我们应该把军事失败当作动力……只有全民族失败的惨重牺牲，才能帮助日本国民的思想得到改善和提高；才能使日本国民放眼世界，客观真实地观察事物。从前那些歪曲日本人思想的非理性因素，都应该加以理性对待并抛弃……战败的现实是冷酷的，但是我们需要勇气正视。我们必须对日本的未来具有信心。”也就是说，日本人曾经奉行的行动方针失败了，他们将奉行一种新的和平的处世艺术。在日本的每家报纸上，都有社论在强调说：“日本必须在世界各国获得尊重。”对日本国民来说，他们的责任就是在新的基础上赢得别人的尊重。

这些社论不仅仅是来自少数知识分子阶层的心声。在东京的街头和偏僻的农村，我们一样能看到日本民众的转变。这些如此友好的民众，竟然就是曾经发誓要死战到底的人吗？占领日本后，这一情景简直令美军难以置信。在日本人的文化伦理中，有许多东西都受到了美国人的排斥。然而，美军占领日本的经验却充分地证明，在日本人的文化伦理中，也有许多值得称赞的东西。

美国政府以麦克阿瑟将军为桥梁，对日本进行管理，并承认了日本人具有改变自己航向的能力。美国政府并没有采取令人屈辱的手段来阻碍这一进程。如果根据西方人的伦理观将这种手段强加给日本，在文化伦理上，也许能够被日本人接受。根据西方人的伦理观，为了让做过坏事的人认识到自己的罪过，有效的社会手段就是使用侮辱和刑罚。自我认罪也是重新做人的第一步。就像我们在前面说的那样，日本人的看法并非如此。根据日本人的伦理观，人必须对自己行为的后果负责，而错误产生的后果就是，他们不会再继续那样去做，这样的后果包括战争的失败。可是，日本人对此并不视为屈辱和憎恶。按照他们自己的说法就是，某人或某国对他人或他国用诽谤、嘲笑、鄙视、侮蔑等手段进行惩罚，是对他人或他国的一种侮辱。对日本人来说，一旦受到侮辱就会复仇。他们将复仇视为美德。虽然西方人的伦理观对复仇作强烈的谴责，但是美国政府对日本采取的政策，却没让日本人感到受了侮辱而想复仇。日本人憎恶嘲笑和侮辱，这与他们愿意在战败后解除军备，并负担苛刻的赔偿义务是不同的。

在1905年的日俄战争中，日本曾经打败了一个强国。俄国投降后，胜利的日本人曾经谨慎地避免对失败的敌人进行侮辱，因为日本人认为俄国人并没有嘲笑、侮辱过日本人。俄军在旅顺口投降时，有一张日本妇孺皆知的照片。在照片上，日军和俄军唯一的区别就是军服不同。俄军并没有解除武器，他们依然佩带着军刀。据说当俄军司令官斯提塞尔将军同意日方的投降条件时，有一名日本大尉和翻译官带着食品来到俄军司令部。当时，俄军“除了斯提塞尔将军的坐骑，所有军马都被杀掉吃了。所以，日本人带到俄军中的五十只鸡和一百个生鸡蛋受到了俄军的欢迎”。第二天，斯提塞尔将军和日本的乃木将军会见，“两位将军握手，斯提塞尔将军称赞日军的勇敢……乃木将军则称赞俄军长期的坚强防御。斯提塞尔将军对乃木将军在战争中失去的两个儿子表示同情。……斯提塞尔将军把自己心爱的阿拉伯种的白马送给乃木将军。乃木将军说，虽然自己很愿意从斯提塞尔将军手中获得这匹马，但是，这匹马必须献给天皇陛下，并相信天皇陛下一定会再把这匹马赏赐给自己。他对斯提塞尔将军承诺，一旦天皇陛下把这匹马赏赐给自己，他就会像爱护自己的马儿那样爱护它”。日本人还知道，乃木将军特地在自己的住宅前建了一所马厩，用来安置斯提塞尔将军的爱马。据说这座马厩，比乃木将军自己的住房还要讲究。乃木将军去世后，这个马厩成为乃木神社的一部分。

有人说，自从俄国投降后，日本人的性格就变了。例如：全世界的人都知道他们对菲律宾进行肆意破坏，并实施残暴行为。不过，对日本这样一个可以随意视情况而改变道德标准的民族来说，这样的结论也是必然的。首先，在巴丹战役之后，日军并没有全部投降，而只有局部地区的日军投降了；后来，菲律宾的日军虽然投降了，可是其他地区的日军仍然在战斗。其次，在20世纪初，日本人认为俄国人没有“侮辱”过自己，但是在20世纪的二三十年代，几乎所有日本人都认为美国政府的政策是在“蔑视日本”，或者说是“根本瞧不起日本”。对美国排斥日本人的移民法，以及美国在《朴茨茅斯和约》和“第二次裁军条约”中扮演的角色，日本人都持这样的态度。美国在远东地区经济中的影响力逐渐扩大，以及美国人对世界有色人种的种族歧视态度，也都让日本人采取了相同的反应。所以，日本战胜俄国后的态度，与日本在菲律宾打败了美军后的态度相比，显示出日本人在其行为中具有明显对立的双重性格。日本人受到侮辱时，表现的是一种性格；在其他情况下，表现的又是另外一种性格。

美军的胜利使日本人的环境再次改变。就如同日本人在生活中的其他事例一样，战败使得他们放弃了以前采取的国策方针。这种独特的伦理观，使日本人能够自行清除“污垢”。美国对日本的政策，以及麦克阿瑟将军对日本的管理，并没有使日本人产生“清洗新的侮辱”的想法。他们只是认为，自己应该接受战败的后果，而坚持这样做，而这样的做法显然也奏效了。

对日本人来说，保留天皇具有非同寻常的意义。美国政府在这件事情上处理得很好。天皇首先拜访了麦克阿瑟将军，而非麦克阿瑟将军首先去拜访天皇。这件事给日本人上了生动的一课，它的意义是西方人难以预料的。据说，在麦克阿瑟将军建议否认神格时，天皇提出了异议，并说他对抛弃本来就不存在的东西感到为难。他对麦克阿瑟将军真诚地说，日本人并不像西方人想象的那样，把他这位天皇看成是神。麦克阿瑟劝他说，西方人对天皇仍然坚持神格的想法会影响日本的国际声誉。于是，天皇同意发表否认神格的声明。元旦时，天皇发表了这份声明，同时要求把世界各国对此事的评论翻译给他看。读了这些评论后，天皇给麦克阿瑟写信表示满意。天皇对自己发表的声明感到高兴，对这一点，外国人显然很难理解。

美国政府的对日政策，还让日本人在某些方面得到了满足。美国国务院、陆军部、海军部的联合指令上明确写着：“对于日本在民主基础上组织起来的劳动、工业、农业等团体，要鼓励它们发展，并为它们提供方便。”于是，在许多产业中，日本工人都组织起来了。那些在20世纪二三十年代中积极活动的农民组织也重新活跃起来。对很多日本人来说，主动努力改善自己的生活环境，就是在战败之后能够有所收获的一种证明。美国有一位特派记者对我说，在东京，有一名参加罢工的人看着美军士兵喜气洋洋地说：“日本‘胜利’了，对吗？”今天，日本工人罢工与战前的日本农民起义有些相似。从前，日本农民时常因为年贡、赋税过重而请愿，并妨碍了正常生产。日本人的起义和罢工都不是西方人以为的阶级斗争，因为它们并非要试图对制度加以改变。今天，日本各个地方的罢工并没有妨碍到生产。罢工的人通常会采用这样的办法：工人“占领工厂，继续工作，增加生产，使经营者丢脸”。在日本三井集团的一家煤矿中，罢工的工人把所有管理人员赶出了矿井，然后把煤矿的日产量从250吨提高到了620吨。而日本足尾铜矿的工人在罢工的过程中，也增加了生产的产量，还把工人的工资提高了两倍。

当然，不管美国对日本的管理政策如何具有好意，作为战败国，它的行政总是困难的。日本的粮食、住宅、重建工作等，都面临着尖锐的问题。如果美国不利用日本政府机构和官员，也一样会面临尖锐的问题。美国政府在战争结束前，最担心的是日本军人的复员问题。因为美国政府在对日本新的管理体制中，保留了日本政府机构和官员，所以，这方面带来的威胁得到了减轻。但是问题仍然不易解决。日本人非常清楚这些困难。去年秋天，日本报纸中以同情的语气说，对于那些历尽艰辛的日军士兵来说，战败的苦酒是那样难喝。报纸请求这些军人不要因此影响自己的“判断”。一般来说，被遣返的军人在对待人和事情上，会表现出正确的“判断”，但是，由于失业和战败，有一些人参加了旧式的秘密结社，这些结社以追逐国家主义为目标。他们对自己现在的地位感到愤慨。他们已不再具有往昔的特权地位。从前，伤残军人穿白色的衣服，街上的行人看见他们都要行礼致敬。入伍时，村子里的人要为他们开欢送会；退伍时，村子里的人又要为他们开欢迎会，并用美酒佳肴款待他们，在宴席上还有美女和歌舞表演，而且士兵总是坐在首席。但是现在，日本复员的军人再也得不到这样的待遇，只有家人安置他们。他们在很多城市和村镇中都受到了冷遇。所以，如果你了解日本人在这种剧烈的变化中是多么痛苦，你就会知道，这些复员军人更喜欢和过去的同伙聚在一起，并极为缅怀从前那个荣誉属于军人的时代。而且，他们的战友还可以这样对他们说：一些幸运的日本军人正在爪哇、中国山西、中国东北等地与盟军作战。他们会说：不要绝望，我们还会再次打仗的。其实，日本早就有这样的国家秘密结社。这些结社通常都致力于“洗刷日本的污名”。那些因为复仇的心愿未了，感到“不平衡”的人，很可能会参加这些秘密团体。这些结社就像黑龙会、玄洋社那样会使用暴力。而在日本的伦理道德体系中，暴力是“对名誉的情义”，是允许使用的。为了消灭这样的暴力，在今后很多年里，日本政府都要继续坚持强调“义务”，而贬抑“名誉的情义”。

所以，仅仅号召复员军人不要“判断”错误，显然是不够的，还必须对日本经济加以重建，使那些年仅二三十岁的复员军人能找到一条生活的道路，能够“各得其所”。农民的状况也必须加以改善。经济不景气时，很多日本人就会回到农村。可是，日本很多地区的土地面积都很狭小，再加上沉重的债务，很难养活众多人口。日本的工业也必须发展。当时，日本人普遍反对平分遗产。在日本人的家庭中，通常只有长子能够继承遗产，其他幼子只能前往城市寻找机会。

日本人无疑还有一条艰难而漫长的道路要走。如果在国家的预算中没有重整军备的费用，日本人就有机会提高全体国民的生活水平。大约在珍珠港事件前的十年里，日本全年财政收入的一半都耗费在军备和维持军队上。如果国家能够停止这类支出，并逐渐减轻农民的租税，就能够为一套健全的经济体系建立基础。正如前面所说，在对农产品的分配上，日本农民得到60%，还有40%用来支付租税和佃租。缅甸、暹罗也以稻米为主要的产出，但它们与日本的情况完全不同。这些国家的分配方式是：90%都要留给农民。日本农民交纳的那些高额的税金，基本上都用来支付军费了。

在以后的十年里，欧洲和亚洲那些不扩充军备的国家，都将比其他那些要搞军备的国家更有发展优势，因为它们可以把财富用来建设一个健全而繁荣的经济体系。美国人在推行亚洲政策和欧洲政策时，几乎都没有注意到这样的情况。美国人不会因为巨大的国防开支而陷入贫困状态，美国也几乎没有蒙受战争的巨大伤害。美国更不是一个以农业为主的国家。美国人面临的最大问题是工业生产过剩。美国人的生产线和机械设备都已经达到了一个完善的程度。所以，如果美国不会大规模地从事军备、奢侈品、福利、研究设施方面的事业，就会有大量的美国人失业。同时，美国人对盈利投资的需求也很迫切。可是，其他国家则不一样，包括西欧。虽然德国要负担巨额的战争赔偿金，但是因为它不能重新进行军备建设，所以在今后的十年内，如果法国扩充军备，德国就有可能拥有一个健全而繁荣的经济基础，并超过法国。日本也会因为同样的优势而在经济方面超过中国。中国目前的目标是军事化，而且中国的野心得到了美国的支持。在日本的财政预算中，如果消除军备预算，那么在不久的将来，日本的经济就能繁荣，并成为东方贸易中的主角。日本经济将以和平利益为基础，并致力于提高日本国民的生活水平。和平的日本将在世界各国中，重新获得声誉和地位。如果美国政府能够利用自己的势力，支持日本的这些计划，对日本会产生很大的帮助。

美国不可能以强制的方式建立一个自由民主的日本，其他任何国家都不行。不管在哪个被统治国家，这样的方法从未成功。任何国家都不能强迫一个社会习俗及文化伦理观迥异于自己的民族，按自己的模式生活。日本人不会因为法律，就承认那些被选举出来的人是权威。他们也不会因为法律，就漠视等级制中对“各得其所”的要求。法律也不能使日本人自由随便地对待人际交往或者自我独立。日本人也更不会因为法律，就可以自主选择配偶、职业等等。不过，日本人也明确表示，他们会努力向这个方向去改变。日本投降后，当权者说，日本必须鼓励男女国民掌握自己的生活，尊重自己的良心。但是，虽然他们这样说，可是每个日本人都知道，他们开始怀疑“耻”在日本社会中的作用，并希望在日本国民中发展一种新的自由，让日本国民从对“社会”的谴责和追究的恐惧之中解放出来。

因为，不管如何心甘情愿，日本社会的压力对个人的要求都过于苛刻。社会压力要求日本人隐藏个人的感情，抛弃个人的欲望，以家庭、团体、民族代表的身份面对社会。他们曾经证明，忍耐这样的生活方式需要自我修养的训练。可是，由于负担太沉重，为了得到善遇，他们必须高度压抑自己。他们不敢要求过心理压力较轻的生活，结果在最后，他们却被军国主义分子引上了一条漫无止境的牺牲之路。在付出了高昂的代价之后，日本人开始变得自以为是，并看不起那些道德观念比较宽容的民族。

在迈向社会改革的过程中，日本人首先承认自己发动的侵略战争是“错误”的，是一种失败。日本人希望在和平国家中重新获得尊重。为此，他们必须实现和平。在今后几年里，如果俄国和美国致力于军备扩张和军事进攻的话，日本人就可以利用自己的军事知识参与那场战争。虽然我们承认这一点，但是对日本会成为一个和平国家的可能性却从不怀疑。日本人的行为是善变的。如果情况允许的话，他们是会在和平世界中谋求地位的。如果不是这样，他们就会加入武装阵营。

如今，日本人已经认识到军国主义失败了。但是，日本人也会继续关注，其他国家的军国主义是否也在遭受失败？如果其他国家的军国主义没有失败，那么日本人也许会再次点燃好战的情绪，并显示他们将如何为战争做出贡献。如果其他国家的军国主义失败了，日本人也会证明他们从中汲取了教训，那就是军国主义的侵略并不会带领他们走向一条荣誉之路。